Auberginen & Co.

ITALIENISCHE GERICHTE MIT AUBERGINEN, ZUCCHINI UND PAPRIKA

Von Franco Antonio Belgiorno

papyrus

CIP-Kurztitelaufnahme der Deutschen Bibliothek
Belgiorno, Franco Antonio:
Auberginen & [und] Co: Ital. Gerichte,
mit Auberginen, Zucchini u. Paprika /
von Franco A. Belgiorno. – 1. Aufl. –
Hamburg: Papyrus, 1987
ISBN 3-922731-51-1

Erste Auflage 1987

Umschlaggestaltung: Rolf Baars
Illustrationen: Katrin Waldschlägel
Redaktion: Ingrid Seemann
Druck und Bindung: Clausen & Bosse, Leck
ISBN 3-922731-51-1
Printed in Germany

Inhalt Seite

TRADITION UND AUBERGINEN

Die Geschichte
von Don Leopoldo Melanzane

Daß wir uns gleich recht verstehen: Für einen wie mich, der in Sizilien geboren ist, sind die Auberginen (wir nennen sie Melanzane) keineswegs exotische Früchte. Für mich sind sie von klein auf vertraute Gewächse, die im Garten gleich hinter dem Haus wachsen und von denen wir Sizilianer uns seit Jahrhunderten ernähren. So vertraut, wie die Bilder, die Bücher oder die Nippsachen im Wohnzimmer - aber auch, ich gebe es zu, mit einer besonderen Familientradition:

Meine Großmutter Giorgia hatte einen Vetter, der starb, als mein Vater noch sehr jung war. Er hieß Don Leopoldo und gehörte seinerzeit zum Gefolge des italienischen Freiheitskämpfers Garibaldi. Als mein Vater ihn zum ersten und auch letzten Mal sah, hatte er seine Sinne schon kaum mehr richtig beisammen, doch erzählte mein Vater, daß man ihn scherzhaft ,,Don Leopoldo Milinciana" nannte, das ist sizilianisch für Don Leopoldo Melanzane. Ein Spitzname, wie sie es zu tausenden in Sizilien gibt.

Eher noch als auf eine körperliche Besonderheit - manch einer heißt ,,cucuzzuni" (Kürbis) eines großen ,,Kürbis" wegen oder ,,cirasa" (Kirsche), weil er eine kirschrote Nasenspitze hat - deutet er auf ein Abenteuer hin, das er im Gefolge Garibaldis hatte.

Es scheint in einer Julinacht des Jahres 1860 passiert zu sein: Die bourbonischen Truppen hatten sich vor den Toren von Calatafimi gelagert, und die Garibaldiner hatten vor, sie von allen Seiten, vom Meer und vom Lande her, einzuschließen. Der Vetter meiner Großmutter war einer von denen, die sich zu Kundschafterdiensten erboten hatten, hocherfreut über die Ehre, für den General tätig sein zu dürfen. Stockdunkel war die Nacht, wie immer, wenn der Mond nicht scheint, und jedes Krachen eines Zweiges, jeder Umriß im Finstern, mehr geahnt als gesehen, konnte ein Feind sein, der sich da bewegte. Bis Don Leopoldo, auf dem Bauche vorankriechend und mit ausgestreckter Hand nach vorne tastend, den Haarschopf eines Bourbonen zu berühren glaubte, der sich tot stellte, um nicht aufzufallen. Heldenhaft sprang er auf die Füße, zog blitzschnell vom Leder und mit dem Ruf: ,,Viva l'Italia, viva Ganobardo!" durchbohrte er den kaum sichtbaren Soldaten. Er ließ das Schwert in dem Leichnam stecken und ließ sich daneben nieder, um das Morgengrauen abzuwarten, das ihm ein paar zarte Vogelstimmen schon ankündigten.

Als schließlich im ersten Dämmer des anbrechenden Morgens die Kampfstätte sichtbar zu werden begann, erkannte Don Leopoldo, daß sein Gegner, den er so schön durchbohrt hatte ... nun, Sie haben es erraten!

Auf unseren Märkten gibt es durchaus kiloschwere Auberginen, die so groß werden können wie ein Kopf, und unser Held hatte eben in der Nacht völlig die Orientierung verloren. Er rühmte sich dieser Geschichte auch nicht, und am besten hätte er sie wohl überhaupt für sich behalten. Aber einmal erzählte er sie doch im Kreis der Verwandten - und wie das nun einmal mit den Spitznamen in Sizilien so ist, von da an hatte er das Gartenprodukt weg für den Rest seiner Tage. Wie die berühmte Verleumdung in Rossinis Barbier von Sevilla, wurde aus einem Lüftchen rasch ein Sturm, einigen Nostalgikern der Bourbonenzeit gefiel der Name besonders gut, er machte die Runde im Stadtviertel, ja bald in der ganzen Gegend und blieb dem Gedächtnis an Don Leopoldo anhaften wie ein Brandzeichen. Der war mittlerweile über neunzig, als mein Vater ihn kennenlernte, zusammengeschrumpft wie ein naßgewordener Wollfetzen und ließ sich von zwei Bediensteten auf einem Tragestuhl in dem großen Haus herumtragen, das er besaß. Immer wieder kamen welche und baten ihn, er solle doch von Garibaldi erzählen, was er auch bereitwillig tat, wenngleich schon arg zusammenhanglos, aber immer mit Tränen der Rührung.

Diese ebenso wahre wie ergötzliche Geschichte vom Vetter meiner Großmutter kommt mir jedesmal in den Sinn, wenn ich vor solch einem Auberginengericht sitze, sei es nun *alla parmigiana* oder in *Boulettenform* zubereitet *nach der Art der Syrakusaner*.

Ja, aber ist das denn für die Auberginenküche alles so wichtig, wird mich mein ungeduldiger Leser fragen. Und ob es das ist! Denn die Auberginen sind bei uns nicht nur groß und rund, sie sind auch in den Eßgewohnheiten unseres Volkes derart verankert, daß noch die Spitznamen, wie man sehen konnte, davon zehren.

Die Auberginen wachsen überall: Sie sind die Herrinnen, die durch die italienischen Gärten spazieren, violett oder zartblau gekleidet, geschmückt mit ihren grünen Hütchen, die so aussehen wie Till Eulenspiegels Kappe.
Einen liebevoll gedeckten Tisch kann ich mir ohne sie eigentlich gar nicht vorstellen. Oft unterhalte ich mich hier in Deutschland mit Fremden auf dem Markt, mit den Bauern, die ihre Erzeugnisse dort verkaufen, oder mit einer Dame, die inzwischen schon eines meiner Kochbücher gelesen hat, und dann rede ich wie in Trance los, verliere mich in sizilianischer Fabulierlust und mache aus den Auberginen die höchsten Kultgegenstände.
Wieviele Rezepte es wohl für Auberginen geben mag? fragte ich mich und ging der Sache nach. Ich fand zahlreiche - und in diesem Buch soll der geneigte Leser sie alle kennenlernen. Zwar sind die Auberginen erst ziemlich spät nach Deutschland gekommen - immerhin finden sich um die Mitte des vorigen Jahrhunderts schon hier und da ein paar Rezepte - aber sie haben nun doch hierzulande ihren Siegeszug angetreten.
In Sizilien waren sie schon vor 1500 da. Die Araber hatten sie aus Indien geholt, und sehr bald waren sie auch bei uns sozusagen in aller Munde. Auberginenplantagen existierten schon im 17. Jahrhundert in Syrakus und Palermo. Für viele Bauern und für die ärmeren Leute boten sie zusammen mit den Tomaten, den kleinen Gartenkürbissen oder Zucchini und Peperoni, den Pfefferschoten, die Möglichkeit, ein schmackhaftes Mahl ohne allzuviel finanziellen Aufwand zu genießen.
Geht man heute über die Märkte irgendwo in Europa, so gehören die Auberginen dazu wie weiland auf den orientalischen Märkten die Sklavinnen. *Badingan* ist ja auch ihr ursprünglicher arabischer Name, der übrigens über das Katalanische und Französische als „Aubergine" ins Deutsche gelangte, und da denkt man an Moscheen und Palmen.
Aber auch an die Freude, die es macht, sich mit der Familie und den Freunden zusammenzusetzen in einer dieser Tischrunden des Südens, wo das gemeinsame Essen einer der authentischsten Gebräuche sein dürfte, die dem Menschen von heute geblieben sind.

☆☆☆

GESCHICHTE UND AUBERGINEN

Arabische Händler
brachten sie nach Europa

Chinesische und eine ganze Gruppe ostasiatischer Porzellane, vor allem der K'ang-hi-Zeit, werden wegen ihrer blau-roten Farbe „Aubergine“ genannt.

Das bedeutet aber nicht, daß die Aubergine in dem Land hinter der Chinesischen Mauer zuhause war. Wahrscheinlich kam sie sehr früh schon dorthin aus Indien. Im Norden und Mitteleuropa wurde sie aber verhältnismäßig spät bekannt. Schneller verbreitete sie sich auf Grund der günstigeren Klimabedingungen in Nordafrika und im Mittelmeerraum. Dort hatten sie die Araber heimisch gemacht.

Ärzte des 15. Jahrhunderts kannten die Aubergine als Arzneipflanze und im 16. Jahrhundert wurde sie dann in Italien, der Türkei und sogar in Palästina bekannt und als Frucht geschätzt.

Aus der Aubergine bereitete man Gerichte, die sich mit Sicherheit im Laufe der Zeit nicht viel verändert haben: sie basieren immer auf Öl, mit dem man sie brät und auf den immer gleichen Zutaten und Gewürzen.

Die Aubergine gehört zur Familie der Eierpflanzen (Solanum Molongena) und ist ein einjähriges Nachtschattengewächs. Ihrem Namen begegnet man schon im Altertum. Eine frühere, ursprüngliche Art, hat man aber bei der Aubergine, ebenso wenig wie bei der Tomate, nicht gefunden, so daß man davon ausgehen kann, daß sie sich im Laufe der Jahrhunderte geändert hat. Die Römer und die Griechen kannten sie nicht, denn nach Europa gelangte sie erst im 14. Jahrhundert durch arabische Händler. Sie brachten sie vom anderen Ende der damals bekannten Welt bis ins Niltal und nach Guinea. Auch in Brasilien fand man Beweise, daß sie dort im 17. Jahrhundert bekannt war und in den Haushalten - ob arm ob reich - verwendet wurde.

In Italien gab es sie schon im 16. Jahrhundert auf dem Speisezettel. Sie gewann dort rasch die Gunst des Volkes - und das ist auch heute noch so. Zwei Jahrhunderte später, um 1800, verbreitete sie sich schnell, vor allem im Süden Italiens, wo sie zusammen mit der Tomate ihren Siegeszug antrat.
Gebratene Auberginen wurden in Palermo an allen Straßenecken von den *Frittaroli* angeboten. Sie waren das tagtägliche Essen der armen Leute. Der Verzehr gebratener Auberginen war im ganzen Königreich beider Sizilien so beliebt, daß sie zusammen mit Pfannkuchen und in der Schale gekochten Kartoffeln das übliche Essen der Sizilianer bildeten. Die berühmten palermitanischen *„quagghie"*, die mit den Wachteln (quaglie) nicht das geringste zu tun haben, sind ganze Auberginen, die man bis zu zwei Drittel eingeschnitten hat, so daß sie am Ende zusammenbleiben, um sie dann so in heißem Öl zu braten.
Ein zeitgenössischer deutscher Schriftsteller, Eric von Adler, schrieb über Sizilien und besonders über Palermo, wobei er auch nicht diese Auberginen zu erwähnen vergaß, die, wie er notierte, wie „kleine Wildhühner aussehen, mit braunem Rücken und rotem Bauch".
Wahrscheinlich hat auch Goethe sie gesehen und vielleicht auch gegessen. Von den *Frittaroli* in Neapel war er so begeistert, daß er uns in seinem Buch „Italienische Reise" eine Beschreibung hinterlassen hat, die den Geschmack und das Fluidum jener Zeit ahnen läßt:
„Neapel, zum 19. März 1787 - So war auch heute Fest des heiligen Josephs; er ist der Patron aller Frittaruolen, d. h. Gebacknesmacher, versteht sich Gebacknes im gröbsten Sinne. Weil nun immerfort starke Flammen unter schwarzem und siedendem Öl hervorschlagen, so gehört auch alle Feuerqual in ihr Fach; deswegen hatten sie gestern abend vor den Häusern mit Gemälden zum besten aufgeputzt: Seelen im Fegfeuer, Jüngste Gerichte glühten und flammten umher. Große Pfannen standen vor der Türe auf leicht gebauten Herden. Ein Gesell wirkte den Teig, ein anderer formte, zog ihn zu Kringlen und warf sie in die siedende Fettigkeit. An der Pfanne stand ein dritter, mit einem kleinen Bratspieße, er holte die Kringlen, wie sie gar wurden, heraus, schob sie einem vierten auf ein ander Spießchen, der sie den Umstehenden anbot..."
Den gleichen Gesten und Gesichtern von damals begegnet man heute immer noch in Neapel und Palermo auf jenen Märkten mit

arabischem und spanischem Flair. Allerdings: die aus der Pfanne geangelten Leckerbissen sind zwar eine Freude für die Augen - den Magen aber belasten sie erheblich.
Wenn Goethe auch nicht von Auberginen spricht, so ist doch ohne weiteres anzunehmen, daß auch sie von diesen *Frittaroli* angeboten wurden. Im 18. Jahrhundert gehörten sie auf jeden Tisch, ob bei Armen oder Reichen, ob in einer bescheidenen Küche oder in der von Fürsten. Sogar am Hof der Bourbonen in Neapel spielten die Auberginen eine große Rolle, wie das Rezept „*Parmigiana di melanzane alla casertana*“ beweist (siehe Seite 35).

☆☆☆

SIZILIEN UND AUBERGINEN

Wie man im siebten Himmel
schweben kann

In Sizilien hat die Aubergine einen so bevorzugten Platz, daß sie auch in Sprichwörtern vorkommt. Eines dieser Sprichwörter sagt: „Funci e milinciani jettili a li cani“ (Pilze und Auberginen mußt Du den Hunden geben) - und zwar um festzustellen, ob sie giftig sind, denn zu manchen Zeiten hat man geglaubt, sie könnten gefährlich sein. Daran erinnert uns auch eine städtische Verordnung aus Venedig, die den Rat gab, die frisch geernteten Pilze erst an Haustiere, Katzen und Hunde, zu verfüttern, um zu klären, ob sie genießbar waren.
Giuseppe Pitré (1843–1916), der große sizilianische Volkskundler, berichtet, daß im Raum Montevago, im Tal von Belice (einem kleinen Dorf, das heute nicht mehr besteht, weil es beim letzten großen Erdbeben zerstört wurde) der Saft der Auberginen mit Salz in Karaffen bevorratet wurde. Man hat ihn, bis Ende des 19. Jahrhunderts, gegen Hautkrankheiten benutzt.
Die Früchte der Auberginenpflanze sind ganz verschieden groß (ich selbst habe einmal in Modica für meine Frau ein Prachtexemplar gekauft, das fünf Pfund wog!). Sie benötigen für ihr Gedeihen nur Wasser und Sonne. Gebraten schmecken sie wunderbar auch ohne irgendwelche Zugaben (außer Salz!).
In der *„Caponata“*, einem typisch palermitanischen Gericht, vereinigen sich Auberginen und andere Gemüse auf das glücklichste (siehe Rezept Seite 46). Die Kräuter Siziliens und das feine Olivenöl verleihen diesem Gericht einen warmen Pastellton.
Die Catanier haben zu Ehren ihres großen Komponisten Vincenzo Bellini (1802–1837) eine Spezialität geschaffen, die man *Pasta alla Norma* nennt (nach der gleichnamigen Oper), in der Spaghetti oder Penne mit Tomatensauce und Basilikum ihren Glanz durch gebratene Auberginenscheiben bekommen, bei deren Geschmack jeder, der sie ißt, glaubt, im siebten Himmel zu schweben (Rezept S. 78).

WIE? WO? WANN? WAS?

Tips für Auberginen-Fans

Es hat schon manche gastronomische Auseinandersetzung über Auberginen gegeben. Ob man sie mit oder ohne Schale braten soll, hat schon viele Liebhaber dieser Frucht interessiert.
Auberginen waren früher im Süden die sommerlichen Schätze der Hausgärten: gepflanzt und gepflegt, mit reichlich Wasser begossen, wuchsen sie wie in einem Garten Eden.
Man konnte sie ohne Probleme auf den Tisch bringen. Gerade in Süditalien verwendet man die Frucht fast immer mit der Schale, denn sie gibt ihr ein leicht bitteres Aroma.
Aber heute, so sagt man, ist die Welt voller Chemie... Soll man deshalb die Auberginen ohne Schale essen...?

☆☆☆

Die Auberginen werden immer der Länge nach geschält, und zwar mit einem scharfen Messer. Die Scheiben, die man aus einer Aubergine schneidet (vier oder fünf), sollten immer sehr regelmäßig und glatt sein - nicht zu dick, aber auch nicht zu dünn.
Die Freilandauberginen läßt man circa 20 bis 30 Minuten in Salzwasser liegen, damit sie etwas von ihren Bitterstoffen verlieren. (Früchte aus dem Gewächshaus könnte man ohne diese Maßnahme verzehren.) Nachdem man sie aus dem Salzwasser genommen hat, müssen sie sehr gut abgetrocknet werden, damit sie nicht so viel Öl aufsaugen.

☆☆☆

Gebratene Auberginen sind auch kalt ein Genuß (aber schwer verdaulich). Wenn Sie eine *Parmigiana* (Auflauf) noch am nächsten Tag essen wollen, versuchen Sie, sie nicht im Kühlschrank aufzubewahren: sie sollte Zimmertemperatur haben, wie guter Rotwein, der dazu vorzüglich paßt.

☆☆☆

Was trinkt man zu Auberginengerichten? Alles was Ihnen schmeckt! Ein gutes Bier paßt zu *Polpette di Melanzane* (Auberginenfrikadellen) genauso gut wie ein Glas Champagner.
Es gibt keine festen Regeln, wenn auch im Süden Rotweine immer zu gebratenen Auberginen gehören. Zu empfehlen sind italienische und französische Rotweine, einfach „vini da tavola" oder „vins de pays".
Aber ein Weißwein, vom Rhein oder von der Mosel, mundet dazu auch, und nicht nur zu Auberginen, sondern auch zu Peperoni und Zucchini.
Alle Gemüse, die mit Fleisch zubereitet werden (*Melanzane ripiene* und *Peperoni ripiene*), verlangen jedoch unbedingt einen kräftigen Rotwein.

☆☆☆

Es empfiehlt sich, die Auberginen nie im Kühlschrank aufzubewahren. Am besten verwahrt man sie auf dem Balkon oder in einem kühlen Zimmer.
Auberginen sollte man nicht mehr als zwei oder drei Tage liegen lassen, da sie weich werden und damit erschweren Sie sich die Arbeit beim schneiden. Je weicher eine Aubergine ist, desto mehr Öl saugt sie auf.
Diese Regel gilt auch für Zucchini und Paprikaschoten.

☆☆☆

Wenn die Zeit der Auberginen kommt, füllen mit ihnen die Zucchini und die Paprikaschoten die Einkaufskörbe: das Öl wird dann zu einem wichtigen Bestandteil der Küche.
Olivenöl kalt gepreßt (Olio Extra Vergine di Oliva) kann auch bei Auberginen eine primäre Rolle spielen. Es soll aus den Olivenhainen Siziliens oder Apuliens kommen, oder aus denen der Toskana oder Liguriens.
Es gibt auch Pflanzenöle, die sehr gut zum Braten sind. Sie kommen aus Frankreich:

Walnußöl
Haselnußöl
Maisöl
Traubenkernöl
Sonnenblumenöl.

Einige von ihnen haben einen sehr starken Geschmack und geben ihn an die Auberginen ab. Manche mögen es, manche nicht. Das Olivenöl eignet sich auf jeden Fall optimal, Auberginen zu braten: eine bessere Verbindung existiert nicht in der ganzen Gemüseküche Italiens.

☆☆☆

Auch wenn Obstessig immer mehr Beliebtheit erreicht - der beste bleibt der Rotweinessig (Aceto di vino rosso) aus Italien. Balsamessig (Aceto balsamico), edel und mit Vorfahren, die bis zur Renaissance ihre Wurzeln haben, ist sehr gut für Auberginen, Zucchini und Paprikaschoten, die süß-sauer oder „*a scapece*" (d. h. mariniert) zubereitet werden.
Es gibt sehr viele Sorten von Aceto balsamico aus Modena: wie beim Wein sogar verschiedene Jahrgänge!
Lassen Sie sich nicht irritieren von den oft sehr stolzen Preisen: Auberginen und Co. verdienen eine solche Ehre.

☆☆☆

INFORMATION IST ALLES

Warenkunde mit Gewürztabelle

AUBERGINEN

Im Lexikon werden sie wie folgt beschrieben:
„Auberginen (Alberginen, Eieräpfel, Eierfrüchte, Melanzane), Früchte eines strauchartigen Nachtschattengewächses, das in Asien und Nordafrika beheimatet ist, heute aber im gesamten Mittelmeerraum angebaut wird. Die gurkenförmigen, manchmal auch fast runden Früchte haben meist eine dunkelviolette, manchmal aber auch eine grüne Schale. Das Fruchtfleisch ist grünlichweiß und mit kleinen Kernen durchsetzt."
In Italien sind folgende Handelssorten bekannt: Violetta lunga, Violetta tonda, Baluroi, Black beauty und Nite. Sie werden in großen Kulturen hauptsächlich in Sizilien, Kalabrien, Kampanien und Apulien angebaut. Insgesamt 231 000 Tonnen beträgt die Ernte pro Jahr in diesen vier Regionen.
Sie sind von Anfang Mai bis Mitte November auf dem Markt. Die beste Qualität haben die noch etwas unreifen Früchte, die reiferen haben sehr viele Samen. Die Auberginen sollten ohne Flecken sein, knackig und leuchtend in der Farbe.

ZUCCHINI

Zucchini, auch Zuchetti, Kürbischen, Courgetten, sind kleine Kürbisfrüchte mit dem Aussehen länglicher, zart gefleckter Gurken, in der Größe von zigarren- bis armlang. Ihr Fruchtfleisch ist hellgrün und ziemlich geschmacklos, aber gut geeignet zum Aufnehmen anderer Aromen. Die Zucchini kommen heute hauptsächlich aus Italien, aber auch aus Frankreich, wo sie Courgettes heißen. Neuerdings werden sie auch in der Bundesrepublik angebaut.
Die italienischen Haupthandelssorten heißen: Tarmino, Grison, President und Diamant.
Sie sind von Mai bis September auf dem Markt. Angebaut werden sie hauptsächlich in den Regionen Piemont, Latium, Apulien und Sizilien mit 307 500 Tonnen pro Jahr.

PAPRIKA

Paprika, auch spanischer oder türkischer Pfeffer genannt, ist eine krautartige Pflanze mit mehr oder weniger scharf schmeckenden Früchten. Es ist ein Nachtschattengewächs, das aus dem tropischen Amerika nach Europa kam.
Man unterscheidet die apfel- bis pampelmusengroßen, bitterpikanten Paprikaschoten, die als Gemüse verwendet werden und die spindelförmigen, mehr oder minder scharfen Paprikaschoten, die getrocknet und gemahlen als Gewürz in den Handel kommen.
Die grünen, roten und gelben Schoten (Gemüsepaprika) entstammen einer Zuchtform der Paprikapflanze. Sie werden vor allem im nördlichen Mittelmeerraum angebaut und sind in der Bundesrepublik frisch oder süßsauer eingelegt (Tomatenpaprika) erhältlich. Sie sind vitaminreich und werden gern für Salate verwendet, aber auch als Gemüsebeilage oder gefüllt.
Die italienischen Handelssorten heißen: Quadrato di Asti, Giallo di Nocera, Corno di bue, Yolo Wonder, Lamuyo, California Wonder und Heldor.
Sie werden angebaut in Piemont, Apulien, Kampanien, Latium und Sizilien - allein diese Regionen produzieren stattliche 312000 Tonnen im Jahr.
Die Paprikaschoten sind zwischen Juni und Oktober auf dem Markt, Gewächshausware natürlich das ganze Jahr.
Süditalienische, an der Sonne gereifte Paprika werden übrigens nicht nur grün, rot oder gelb - es gibt sie sogar in violett und schwarz! Durch die Sonnenreife sind alle italienischen Paprika besonders gut zum Grillen geeignet, wie es in vielen Rezpten des Buches auch beschrieben wird.

KRÄUTER UND GEWÜRZE

Kräuter und Gewürze spielen in einer phantasievollen Küche immer eine große Rolle, erst recht bei geschmacksarmen Gemüsesorten wie Zucchini und Auberginen, aber auch bei Paprika.
In Jahrhunderten hat sich bei uns in Italien eine Tradition der am besten passenden Zutaten entwickelt, weitergegeben von der Mamma an die Töchter, vom Spitzenkoch an seine Lehrlinge. Deshalb hier einige Anregungen, welche Kräuter und Gewürze sich am besten für die in diesem Buch behandelten Gemüsesorten eignen:

Basilikum:	Für Tomatensaucen
Kapern:	Für Tomatensaucen
Oregano:	Für Tomatensaucen
Minze:	Eingelegte Auberginen und Zucchini
Chili oder Peperoncino:	Eingelegte Auberginen
Rosmarin:	Für Ratatouille
Thymian:	Für Ratatouille
Safran:	Sizilianische Spezialitäten mit Auberginen
Petersilie:	Vielseitig verwendbar, immer frisch einkaufen, und zwar die glatte Sorte

AUBERGINEN

Vom königlichen Auflauf bis
zum bäuerlichen Mahl

PARMIGIANA DI MELANZANE ALLA CASERTANA

Auberginenauflauf nach Art von Caserta

Der vorletzte Bourbonenkönig Ferdinand II., König der beiden Sizilien (Sizilien und Unteritalien mit der Hauptstadt Neapel) führte in Caserta (bei Neapel) einen prachtvollen Hofstaat. Dort widmete er sich seinen Lieblingsbeschäftigungen: der Jagd, den Frauen – und dem Essen. Ob in dieser oder anderer Reihenfolge wissen Biographen freilich nicht zu berichten. Eine der bevorzugten Speisen des leidenschaftlichen Gourmets war die *Parmigiana alla Casertana* – sie fehlte nie, wenn im Sommer Gäste zu Tisch geladen waren. Die Zutaten sind die gleichen geblieben wie damals. Einzige Ausnahme: statt Parmesankäse wurde damals Schafkäse verwendet.

2 Dosen geschälte Tomaten (à 250 g)
1 kleine Zwiebel, Basilikumblätter
Salz, Pfeffer, Zucker
4 große, runde Auberginen, Olivenöl
100 g Parmesankäse (frisch gerieben)
100 g Mozzarella

Die Tomaten mit einer geviertelten Zwiebel 20 Minuten kochen und fein durchpürieren. Dann in einem Topf mit erhitztem Olivenöl (4 EL) und den Basilikumblättern weitere 20 Minuten bei kleiner Hitze dünsten. Mit Salz, Pfeffer und einem TL Zucker abschmekken. Den Backofen auf 150 Grad vorheizen.
Die Auberginen werden geschält, in nicht zu dicke Scheiben geschnitten und 20 Minuten in Salzwasser gelegt. Gut abtropfen lassen und in viel Olivenöl goldbraun braten. Wieder gut trocknen. Nun in eine feuerfeste Form schichten, und zwar in dieser Reihenfolge: Zuerst die Auberginen, dann die Tomatensauce, es folgen Mozzarellastückchen, der geriebene Parmesan und viele, viele Basilikumblätter. Man schichtet, bis die Zutaten verbraucht sind (einen Rest Tomatensauce aufheben). Mit diesem Rest wird die letzte Schicht ausgiebig beträufelt. Dann kommt der Auflauf in den Backofen, wo er etwa 20 Minuten bleibt.
(Weitere Auflauf-Saucen siehe Seite 44 + 45)

PARMIGIANA SICILIANA

Sizilianischer Auberginenauflauf

Ebenso wohlschmeckend wie der *Casertanische Auflauf,* der die Mahlzeiten der Bourbonen in Italien bereicherte, ist der sizilianische: Berühmt wie der Etna selbst oder der Monte Pellegrino in Palermo, der Goethe so in Trance versetzte. Dieser Auflauf ist eine sehr barocke, reiche und farbige Variation der „*Parmigiana*", die mit der Stadt Parma übrigens nicht das geringste zu tun hat. Vielmehr wurde der ursprünglich arabische Name der Aubergine (Badingan) in Sizilien im Laufe der Jahrhunderte verballhornt: Zuerst in bandigiana, dann in pandigiana, petronciana und schließlich in parmigiana.
Unsere sizilianische Version ist mehr als gelungen: Gäbe es einen Nobelpreis für Gastronomie, diese Spezialität wäre sicherlich preisverdächtig!

1500 g runde, schöne Auberginen
2 Dosen geschälte Tomaten (à 250 g)
500 g Hackfleisch
(350 g vom Rind, 150 g vom Schwein)
8 hartgekochte Eier
1 Zwiebel
Salz, Pfeffer
1 TL Zucker
Basilikumblätter
100 g Parmesankäse (frisch gerieben)
Olivenöl

Die Auberginen der Länge nach schälen, in 1 cm dicke Scheiben schneiden und ca. 20 Minuten in kaltes Salzwasser legen. Mit Küchenkrepp abtrocknen und in heißem Olivenöl goldbraun braten, dann auf ein Sieb zum Abtropfen geben.
In einer Pfanne 2 EL Olivenöl erhitzen, die Zwiebel schälen, feinhacken und darin goldbraun dünsten. Die Tomaten pürieren und mit den Basilikumblättern dazugeben. Würzen mit Salz, Pfeffer und Zucker. Auf kleiner Flammen köcheln lassen (ca. 20 Min.).

In einer anderen Pfanne das Hackfleisch in Olivenöl knusprig braten und mit Salz und Pfeffer würzen.
Backofen auf 180–200 Grad vorheizen.
Nun werden die Zutaten in eine ungefettete Auflaufform geschichtet. Man beginnt mit einer Lage abgetropfter Auberginenscheiben, verteilt darüber die Tomatensauce, anschließend eine Schicht hartgekochte Eier in Scheiben. Mit Salz und Pfeffer würzen und mit reichlich Parmesankäse bestreuen. Dieser Vorgang wird wiederholt, bis alles verbraucht ist. Als Abschluß eignen sich am besten Auberginenscheiben und Parmesankäse.
Den Auflauf in den Backofen schieben und ca. 20 Min. backen.

(Weitere Auflauf-Saucen siehe Seite 44 + 45)

MELANZANE ALLA PUGLIESE

Auberginen apulischer Art

4 dicke Auberginen
50 g geriebener Schafkäse
2 Dosen geschälte Tomaten (à 250 g)
Basilikumblätter
2 Eier, Mehl, Olivenöl
Salz und Pfeffer

Man schält die Auberginen und schneidet sie in 1 cm dicke Scheiben. Nachdem sie 20 Minuten in Salzwasser waren, werden sie abgespült und abgetrocknet. In den geschlagenen und gesalzenen Eiern und dem Mehl panieren und in sehr viel Öl ausbraten.
Jetzt wird eine Lage Auberginenscheiben in eine Auflaufform gelegt, mit Tomatensauce begossen, mit Schafkäse bestreut und mit Basilikumblättern gewürzt.
So verfährt man mit der Einschichtung, bis die Auberginen aufgebraucht sind, begießt mit Olivenöl und gibt die Form für ca. 20 Minuten in den vorgeheizten Backofen bei 200 Grad.

Für die Tomatensauce: Rezepte siehe Seite 44 + 45

PASTA AL FORNO CON MELANZANE E RICOTTA

Nudelauflauf mit Auberginen und Ricotta

2 Dosen geschälte Tomaten (à 250 g)
1 kleine Zwiebel
Basilikumblätter
1 TL Zucker
Salz und schwarzer Pfeffer
3 Auberginen
500 g Nudeln (Penne oder Rigatoni)
250 g Ricotta
1 Prise Zimt
1 EL Butter
Öl zum Braten
Salz und Pfeffer

Zubereitung der Tomatensauce:
Das Öl wird in einem Topf erhitzt, die geschälte Zwiebel feingeschnitten darin glasig angebraten und mit den durchpürierten Tomaten aufgefüllt. Basilikum kleingehackt dazugeben und mit Salz, Pfeffer und Zucker abschmecken. 20 Minuten kochen lassen.
Die Auberginen werden geschält und in große Scheiben geschnitten, etwa 20 Minuten in Salzwasser gelegt, abgespült und abgetrocknet. Dann in heißem Öl goldfarben braten. Die Ricotta wird in einer Schüssel mit Salz, Pfeffer und der Prise Zimt cremig gerührt. In der Zwischenzeit läßt man die Nudeln in Salzwasser *al dente* kochen, siebt sie und vermischt sie mit der Tomatensauce. Backofen vorheizen.
Nun nimmt man eine feuerfeste Form und beginnt mit der Einschichtung: Nudeln, Auberginen, Ricotta und Tomatensauce, immer wieder von vorn, bis die Zutaten verbraucht sind. Im Ofen bei 200 Grad ca. 20 Minuten backen.

(Weitere Auflauf-Saucen siehe Seite 44 + 45)

CORONA DI RISO ALLE MELANZANE

Reistorte mit Auberginen

4 Auberginen
600 g Reis
1 Dose geschälte Tomaten (250 g)
60 g Butter
50 g geriebener Parmesankäse
1 Zwiebel
1 Knoblauchzehe (feingehackt)
1 Liter Fleischbouillon
1/2 Glas Olivenöl
1/2 Glas Weißwein
Salz
Pfeffer

Die Fleischbouillon aufkochen. Die Zwiebel wird feingehackt und in einer Pfanne in 2 El Öl glasig gebraten, der Reis hinzugefügt und unter ständigem Rühren 2–3 Minuten angeröstet bis die Körner milchig aussehen.
Den Wein aufgießen und unter Rühren verdampfen lassen. 3 Tassen der kochenden Brühe aufgießen und den Reis unbedeckt bei mäßiger Hitze und gelegentlichem Umrühren kochen lassen, bis alle Flüssigkeit aufgesogen ist. 3 weitere Tassen Brühe hinzufügen, umrühren bis sie eingekocht ist. Diesen Vorgang noch einmal wiederholen, dann sollte der Reis gar sein.
In der Zwischenzeit bereitet man die Auberginen zu: sie werden geschält, in Scheiben geschnitten und 20 Minuten in Salzwasser gelegt, abgespült und auf Küchenkrepp getrocknet. Nun werden sie in einer Pfanne in heißem Olivenöl goldbraun gebraten. Dann auf einem Sieb abtropfen lassen.
Für die Tomatensauce läßt man in einem Topf Olivenöl heiß werden, gibt den Knoblauch dazu und püriert die Tomaten darüber. Man schmeckt mit Salz und Pfeffer ab und läßt die Sauce unbedeckt 10 Minuten bei mäßiger Hitze einkochen.
Den Backofen auf 180 Grad vorheizen.
Einige Auberginenscheiben in feine Streifen schneiden. Der Reis wird nun mit der Butter, dem Parmesankäse und der Tomatensauce sowie den Auberginenstreifen vermischt.

Eine feuerfeste Auflaufform mit Mittelstück (so daß es einen Kranz ergibt) wird mit Auberginenscheiben ausgelegt und mit Reis vollgefüllt. Mit der Hand nachdrücken und mit einer mit Butter bestrichenen Alufolie abdecken. Der Auflauf wird nun im Wasserbad im Backofen bei 180 Grad in ca. 25 Minuten gestockt.
(Weitere Auflauf-Saucen siehe Seite 44 + 45)

MELENZANATA ALLA SIRACUSANA

Auberginen-Auflauf syrakusanischer Art

4 große runde Auberginen
200 g Mozzarella
2 große Gemüsezwiebeln
1 Dose geschälte Tomaten (250 g)
Salz und Pfeffer
1 TL Oregano, 1/2 Tasse Olivenöl

Man schält die Auberginen und schneidet sie längs in 1 cm dicke Scheiben, dann legt man sie in kaltes Salzwasser (ca. 20 Minuten). Dann abspülen und auf Küchenkrepp trocknen.
Die Zwiebeln werden geschält und in sehr feine Ringe geschnitten. Den Mozzarella-Käse in sehr feine Scheiben schneiden und die Tomaten grob hacken. Backofen auf 180 Grad vorheizen.
Nun ölt man eine Auflaufform und schichtet die Auberginenscheiben hinein, bedeckt sie mit den Zwiebelringen, dem Mozzarella-Käse und den grob gehackten Tomaten. Man würzt mit Salz, Pfeffer und Oregano. Mit einer halben Tasse Olivenöl begießen und im Backofen 30 bis 50 Minuten garen.
(Weitere Auflauf-Saucen siehe Seite 44 + 45)

SFORMATO DI MELANZANE ALLA DONATELLO

Auberginenauflauf Donatello

4 große Auberginen
200 g Kalbsmett
2 Würste oder Schweinemett
200 g gekochter Schinken (feingehackt)
100 g geriebener Parmesankäse
3 Eier
Salz und Pfeffer

Die geschälten Auberginenscheiben werden 20 Minuten in Salzwasser gelegt, abgetrocknet und leicht gesalzen. In einer Pfanne werden sie dann in heißem Öl goldgelb gebraten.
Nachdem man das Hackfleisch mit Salz und Pfeffer abgeschmeckt hat, wird es mit dem Schinken und dem Fleisch aus den zwei Würsten ohne Haut vermischt und in der Pfanne angeröstet. Das Fleisch muß nicht zu sehr braten, da es im Backofen weiter garen wird.
Die Auberginenscheiben werden schichtweise in eine feuerfeste Form gelegt, dazwischen kommt das Fleisch, einige Löffel Parmesankäse und zwei Löffel der geschlagenen Eier pro Schicht. Wenn alle Zutaten aufgebraucht sind, wird die Auflaufform im vorgeheizten Backofen bei 200 Grad 25 Minuten gebacken.

(Auflauf-Saucen siehe Seite 44 + 45)

TORTINO DI MELANZANE

Auberginentorte

4 Auberginen
1 Dose geschälte Tomaten (250 g)
6 Eier
100 g Parmesankäse (gerieben)
Salz und Pfeffer
Öl

Für diese Auberginentorte benötigt man eine große feuerfeste Auflaufform.
Nachdem man die Auberginen ungeschält in Scheiben geschnitten hat, werden sie 20 Minuten in Salzwasser gelegt, abgespült und abgetrocknet. In viel Öl goldbraun braten und auf einem Sieb abtropfen lassen.
Backofen auf 220 Grad vorheizen.
Die Eier gut schlagen, mit Salz und Pfeffer würzen und mit Parmesankäse vermischen. Die geschälten Tomaten ohne den Saft pürieren und unter die Eimasse heben.
Die Auberginenscheiben werden nun in die Auflaufform geschichtet und mit der Tomaten-Eimasse begossen. Im Backofen ca. 20 Minuten backen. Die Torte muß luftig und knusprig sein und wird warm serviert.

(Auflauf-Saucen siehe Seite 44 + 45)

TORTA DI MELANZANE E RISO

Auberginentorte mit Reis

4 große, runde Auberginen
200 g Reis
1 Gemüsezwiebel
2 Eier
100 g Parmesankäse
1 Handvoll Petersilie (feingehackt)
1 Prise Muskatnuß
Salz und Pfeffer
50 g Butter

Die halbierten Auberginen und die geschälte Zwiebel läßt man im Backofen auf einem großen Backblech in Wasser kochen. Wenn sie gar sind und abgekühlt, nimmt man aus den Auberginen das Fruchtfleisch und püriert es zusammen mit der Zwiebel.
Inzwischen läßt man den Reis ,,al dente" kochen.
Reis, Auberginenfleisch, Parmesankäse, Eier, Petersilie, Muskatnuß, Salz und Pfeffer werden sorgfältig zusammengemischt, so daß eine geschmeidige und etwas feste Farce entsteht. In eine runde feuerfeste Form gibt man die Farce, so daß eine Torte entsteht, die noch mit etwas Parmesankäse bestreut wird. Im vorgeheizten Backofen muß die Torte circa 30 Minuten bei 180 Grad bleiben, sie soll vor dem servieren goldfarbig aussehen.

(Auflauf-Saucen siehe Seite 44 + 45)

TOMATENSAUCEN

Nicht nur für Auberginenaufläufe

SALSA DI POMODORI E BASILICO

Tomatensauce mit Basilikum (Sizilien)

2 Dosen geschälte Tomaten à 250 g
1 kleine Zwiebel
10 Basilikumblätter
Salz und Pfeffer
1 TL Zucker
Olivenöl

Die Tomaten werden mit der geviertelten Zwiebel 20 Minuten gekocht und fein durchpüriert. In einen Topf mit erhitztem Olivenöl (4 EL) geben und mit den Basilikumblättern weitere 20 Minuten langsam dünsten. Man würzt danach mit Salz und Pfeffer und schmeckt mit Zucker ab.

SALSA DI POMODORI E ORIGANO

Tomatensauce mit Oregano (Sizilien und Kalabrien)

2 Dosen geschälte Tomaten à 250 g
1 Zwiebel
1 TL Oregano
1 Messerspitze Zucker
Salz
Pfeffer
Olivenöl

Olivenöl in einem Topf erhitzen und die feingehackte Zwiebel darin braten, bis sie glasig aber nicht braun ist. Die pürierten Tomaten dazugeben, umrühren und 5 Minuten bei mäßiger Hitze kochen. Oregano hineinrühren, mit Salz, Pfeffer und Zucker abschmecken und 30 Minuten langsam kochen.

SALSA DI POMODORI PICCANTE

Pikante Tomatensauce (Kalabrien)

2 Dosen geschälte Tomaten à 250 g
1 Zwiebel
2 Knoblauchzehen
5–10 Blätter Basilikum
1 Chilischote
2 EL Olivenöl
Salz

In einem Topf das Olivenöl erhitzen, Zwiebel und Knoblauch (beides feingehackt) darin goldgelb dünsten. Dann die pürierten Tomaten mit dem Basilikum, der Chilischote und dem Salz dazugeben und 20 Minuten köcheln lassen.

CAPONATA DI MELANZANE ALLA PALERMITANA

Auberginen und Gemüseallerlei palermitanischer Art (kalt)

4 große und runde Auberginen, Olivenöl
2 Tassen Stangensellerie (fein gehackt)
1 Tasse rote Zwiebeln (fein gehackt)
3 Tassen abgetropfte Dosentomaten
6 große grüne Oliven
1 EL Kapern
3 Anchovisfilets
2 EL Pinienkerne
1/2 Tasse Rotweinessig
1 EL Zucker
Salz, weißer Pfeffer

Man schält die Auberginen und schneidet sie in ca. 4 cm große Würfel und legt sie 20 Minuten in kaltes Salzwasser. Dann gut abspülen und auf Küchenkrepp trocknen lassen, beiseite stellen.
In einer schweren, großen Pfanne etwa 3 EL Olivenöl erhitzen. Den Stangensellerie bei mäßiger Hitze unter Rühren 10 Minuten schmoren. Dann die Zwiebeln hineinrühren und schmoren bis sie leicht gefärbt sind. Mit einem Schaumlöffel in eine Schüssel legen. Etwa 1/4 Tasse Olivenöl in die Pfanne nachgießen, erhitzen und die Auberginenwürfel goldbraun braten. Den Sellerie und die Zwiebeln in die Pfanne zurückgeben und Essig, Zucker, die abgetropften Tomaten, die entsteinten Oliven, die gewaschenen Kapern, die zerdrückten Anchovisfilets mit einer Prise Salz und einer Prise Pfeffer hineinrühren. Zum Kochen bringen, die Hitze wieder reduzieren und unbedeckt unter Rühren 15 Minuten verdampfen lassen. Nun die Pinienkerne unterziehen, abschmecken und, wenn nötig, mit Salz, Pfeffer und Essig nachwürzen. Die Caponata dann 1 Stunde kalt stellen.

MELANZANE ACCOPPIATE

Auberginensandwiches

4 schöne, nicht zu große Auberginen
10 Mortadellascheiben
10 Scheiben Schmelzkäse
Salz und Pfeffer
100 g Semmelbrösel
4 Eier
Mehl
Öl

Die Auberginen werden geschält und in Scheiben geschnitten (aus einer Aubergine möglichst 5 Scheiben) und 20 Minuten in Salzwasser gelegt, abgespült und auf Küchenkrepp getrocknet. In einer Pfanne läßt man viel Öl heiß werden und brät die Auberginen darin auf nicht zu heißer Flamme nur auf einer Seite bis sie gar sind. Man läßt sie abtropfen auf Küchenkrepp oder in einem Sieb. In der Zwischenzeit schlägt man die Eier auf einen großen Teller und richtet einen anderen großen Teller mit dem Mehl.
Nun belegt man 10 Auberginenscheiben auf der gebratenen Seite mit einer Scheibe Mortadella und einer Scheibe Schmelzkäse, bedeckt diese „Füllung" mit den restlichen 10 Auberginenscheiben, taucht sie in die Eiermasse und das Mehl und backt die 10 Sandwiches in heißem Öl vorsichtig aus.

MELANZANE ALL'AGRODOLCE

Auberginen süß-sauer (kalt)

2 große Auberginen
1 Gemüsezwiebel
1/2 Glas Weinessig (oder Aceto balsamico)
1 EL Zucker, Salz, Pfefferminzblätter
Olivenöl

Die Auberginen werden wie immer geschält, in dicke Würfel geschnitten und 20 Minuten in Salzwasser gelegt, dann abgespült, abgetrocknet und in heißem Öl goldbraun gebraten. Die Gemüsezwiebel wird in feine Ringe geschnitten und im gleichen Öl gebraten. Zwiebel und Auberginen in einer Schüssel vermischen, mit Essig, Zucker und etwas Salz abschmecken und mit frischen Pfefferminzblättern bedecken. Kalt servieren.

MELANZANE CRUDE SOTT'OLIO

Rohe eingelegte Auberginen

6 schöne Auberginen
6 Knoblauchzehen
Paprikapulver (scharf)
2 EL Essig
Oregano

Die Auberginen werden geschält und in dünne Scheiben geschnitten, gesalzen und zwei bis drei Tage in die Sonne gelegt, oder aufgefädelt und luftgetrocknet.
Danach werden sie in kochendem Salzwasser mit 2 EL Essig blanchiert und wieder auf Küchenkrepp gut abgetrocknet.
Die Scheiben in einen Porzellan- oder Glasbehälter legen, mit gepreßten Knoblauchzehen, Oregano und Paprikapulver würzen. Dann in Olivenöl einlegen. So sind sie nach 15 Tagen eßbar (und halten sich viele Monate).
Sie werden als Antipasto oder Appetitanreger gereicht.

MELANZANE IN SALSA DI ACCIUGHE

Auberginen in Anchovissauce (kalt)

2 oder 3 mittelgroße Auberginen
6 Anchovisfilets, 8 TL Olivenöl
1 EL Petersilie (feingehackt)
1 Knoblauchzehe, Olivenöl

Die Auberginen werden geschält, in Scheiben geschnitten und ca. 20 Minuten in Salzwasser gelegt. Danach werden sie gut abgetrocknet und in Olivenöl goldbraun ausgebraten.
Zur Zubereitung der Sauce gibt man Olivenöl in eine Pfanne, die geschälte Knoblauchzehe dazu und nimmt diese nach kurzer Zeit wieder heraus. Der Knoblauch darf nicht braun werden, da er sonst bitter schmeckt.
Man gibt nun die Anchovisfilets zu dem Olivenöl und rührt so lange, bis eine cremige Sauce entstanden ist. Dann fügt man die Petersilie und den Essig hinzu und läßt so lange leise kochen, bis der Essig verdunstet ist. Diese Sauce gießt man über die Auberginen und läßt das Gericht erkalten, bevor man es serviert.

MELANZANE MARINATE

Marinierte Auberginen

2 große Auberginen
2 Knoblauchzehen, 2 frische Lorbeerblätter
1/2 Tasse Weißweinessig, schwarze Pfefferkörner
Olivenöl, Salz

Die Auberginen werden gewaschen und mit Schale in dicke Scheiben geschnitten. Man brät sie in heißem Öl aus und läßt sie auf Küchenkrepp abtropfen. Wenn sie erkaltet sind, schichtet man sie in eine Glasform, salzt, gibt Lorbeerblätter und die ganzen Pefferkörner hinzu und übergießt mit dem Essig.
Man läßt die Auberginenscheiben 12 Stunden in der Marinade, bevor man sie serviert.

CANAPE DI MELANZANE

Auberginencanapés

1 Dose geschälte Tomaten (250 g)
Basilikumblätter
Salz, Pfeffer
1 große Aubergine
Olivenöl
8 Scheiben Vollkornbrot (rechteckig)
Butter
Parmesankäse, frisch gerieben

Die Tomaten mit Salz und Pfeffer aus der Mühle würzen, Basilikumblätter zufügen. Alles bei milder Hitze kochen, bis die Sauce dicklich wird (mind. 30 Minuten).
Dann pürieren und erkalten lassen.
Inzwischen die Aubergine schälen und in nicht zu dünne Scheiben schneiden. 20 Minuten in Salzwasser wässern, dann auf Kreppapier trocknen lassen (20 bis 30 Minuten), einmal wenden. Danach die Scheiben in Olivenöl hellbraun braten.
Das Brot mit Butter bestreichen, die Tomatensauce darübergeben und mit ein oder zwei Auberginenscheiben (lauwarm oder kalt) belegen. Zum Schluß mit Parmesankäse bestreuen und mit Basilikumblättern dekorieren.

FOCACCIA DI MELANZANE

Auberginen-Strudel

Teig für 2 Strudel:
1/2 kg Mehl
20 g Bierhefe (auch Trockenhefe)
2 EL Olivenöl extra vergine (kalt gepreßt)
Salz, Wasser

Füllung für 2 Strudel:
2 große Auberginen
1 kg geschälte Tomaten (Dose)
1 Strauß Basilikum
1/2 Gemüsezwiebel (in Würfel geschnitten)
1 Tasse frischgeriebener Schafkäse
Salz, Pfeffer
Olivenöl

Man bereitet zuerst den Strudelteig. Alle Zutaten müssen Zimmertemperatur haben. Das Mehl wird in eine Teigschüssel (auch auf eine Arbeitsplatte) gesiebt. Die Hefe wird mit etwas Wasser zum Vorgehen gebracht und dann zu dem Mehl gegeben, zusammen mit dem Öl, dem Salz und etwas Wasser; danach wird alles zu einem geschmeidigen Teig verarbeitet. Man wickelt den Teig in ein Küchenhandtuch und läßt ihn gehen, bis er sich annähernd verdoppelt hat (ca. 40 Minuten).
Für die Füllung bereitet man in der Zwischenzeit eine Tomatensauce: das Öl in einem Topf erhitzen, die Zwiebelwürfel darin glasig anbraten und mit den pürierten Tomaten auffüllen. Basilikum dazugeben und mit Salz und Pfeffer würzen.
Auf kleiner Flamme unbedeckt 30–40 Minuten köcheln lassen, bis die Sauce dickflüssig wird.
Die Auberginen werden geschält, in 1 cm dicke Längsscheiben geschnitten, 20 Minuten in Salzwasser gelegt, abgespült und auf Küchenkrepp getrocknet.
Das Öl wird in einer Pfanne erhitzt und die Auberginen darin goldgelb ausgefrittet. Dann auf Küchenpapier legen. Man rollt zwei runde dünne Platten aus dem Teig, streicht die kalte Tomaten-

sauce darauf, verteilt die Auberginenscheiben darüber, bestreut mit Schafkäse und benetzt vorsichtig mit Olivenöl. Nun rollt man die Teigplatten wie einen Strudel auf und schlägt die Enden ein. Man heizt den Backofen auf 200 Grad vor, bepinselt ein großes Backblech mit Öl, setzt die Strudel nebeneinander darauf und backt sie bei 180 Grad ca. 40–50 Minuten.
Lauwarm oder kalt servieren.
Gute Auberginenstrudel findet man in allen Restaurants, Tavernen und Trattorien zwischen Modica und Ragusa, d. h. in der alten Contea di Modica (Grafschaft von Modica), wo die Tradition der *Focacce* (siz.: *i scacci*) immer noch blüht. Es gibt auch sehr viele Imbißläden, wo man für ca. 500 Lire einen Strudel kaufen kann.

(Weitere Strudelrezepte in meinem Buch: SIZILIEN, Essen und Trinken zwischen Orient und Okzident, ebenfalls im Papyrus-Verlag erschienen.)

INSALATA DI MELANZANE

Auberginensalat

4 Auberginen
4 Knoblauchzehen
Petersilie
Zitronenschale (unbehandelt)
Olivenöl (kaltgepreßt)
Salz, Pfeffer

Die Auberginen schälen, in dicke Streifen (ca. 4 cm breit) schneiden und 20 Minuten in Salzwasser legen. Dann spült man sie und legt sie auf Küchenkrepp zum Trocknen. Die Streifen werden in dicke Würfel geschnitten und in heißem Olivenöl gebraten. Wenn sie goldbraun sind, werden sie in ein Sieb zum Abtropfen und Abkühlen getan. Knoblauchzehen in eine Porzellanschüssel pressen, die Petersilie feinhacken und über die Auberginenwürfel geben. Man schmeckt ab mit Salz und Pfeffer und begießt mit etwas Olivenöl. Vor dem Servieren reibt man die Schale einer Zitrone über den Salat.
Sehr gut als Beilage zu gegrilltem Fleisch.

FRITTATA DI MELANZANE

Omelett mit Auberginen

1 große Aubergine, 5 Eier
Salz, Pfeffer, Olivenöl

Die Aubergine wird geschält, in Scheiben geschnitten und 20 Minuten in Salzwasser gelegt.
Die gut abgetropften Auberginenscheiben werden nun in heißem Olivenöl goldbraun ausgebacken. Danach legt man sie auf Küchenkrepp, damit das Öl abgesaugt werden kann.
Nun schlägt man die Eier schaumig, würzt mit Salz und Pfeffer, gibt die Auberginenscheiben dazu und bereitet in erhitztem Olivenöl das Omelett.

MELANZANE FARCITE ALLA PIEMONTESE

Gefüllte Auberginen piemontesischer Art

4 große Auberginen
200 g Kalbszunge gekocht
100 g Kalbfleisch gekocht (von Suppenfleisch)
100 g geriebener Parmesankäse
3 Eidotter, Salz und Pfeffer, 150 g Butter

Die Auberginen werden ungeschält der Länge nach halbiert und in kochendem Salzwasser 5 Minuten blanchiert. Nun löst man mit Hilfe eines Eßlöffels das Fruchtfleisch aus den Hälften bis das Gehäuse nur 2 cm dick ist.
Das Fruchtfleisch in einer Rührschüssel pürieren. Die gekochte Zunge und das Suppenfleisch muß durch einen Fleischwolf gedreht werden, damit es eine feine Farce wird. Dann zusammen mit den Eidottern, Käse, Salz und Pfeffer in die Rührschüssel geben, durchheben und in die Auberginen füllen.
Die 8 Auberginenhälften werden auf ein großes, rechteckiges Backblech gesetzt und im Backofen bei 220 Grad 20 Minuten gebacken. Sie schmecken warm aber auch kalt vorzüglich.

MELANZANE FARCITE ALLA LOMBARDA

Gefüllte Auberginen lombardischer Art

4 große Auberginen
300 g Kalbfleisch
100 g gekochter Schinken
100 g Salsiccia oder 2 Frankfurter Würstchen
100 g Semmelbrösel
Salz und Pfeffer

Das Fleisch läßt man gleich von der Metzgerei grob durchdrehen. Die enthäuteten Würstchen werden feingehackt. Man gibt alles in eine Terrine, zusammen mit dem geriebenen Brot, schmeckt mit Salz und Pfeffer ab und arbeitet die Füllung leicht durch.
Die Auberginen nicht schälen: sie werden nur der Länge nach halbiert und 20 Minuten in Salzwasser gelegt. Nachdem man sie getrocknet hat, werden sie in viel Öl vorsichtig gebraten, dann erkalten lassen.
Backofen vorheizen.
Nun nimmt man aus den halbierten Auberginen vorsichtig mit einem Löffel das Fruchtfleisch heraus, so daß nur eine Schale von 1 cm bleibt. Das Auberginenfleisch wird mit den anderen Zutaten vermischt, vielleicht mit etwas Salz nochmal abgeschmeckt und dann in die Auberginenhüllen gefüllt. In eine gefettete Form gesetzt, kommen sie für 30 Minuten in den Backofen.

MELANZANE FARCITE ALLA SICILIANA

Gefüllte Auberginen sizilianischer Art

4 große Auberginen
1 Gemüsezwiebel
6 Anchovisfilets (fein zerkleinert)
Kapern (ca. 20 g)
50 g Schafkäse
100 g Semmelbrösel
Öl
Salz und Pfeffer

Die ungeschälten Auberginen werden der Länge nach halbiert und 20 Minuten in Salzwasser gelegt, abgetrocknet und vorsichtig in einer großen Pfanne gebraten, bis sie goldfarbig sind.
Danach nimmt man aus den Auberginen mit einem Eßlöffel das Fruchtfleisch heraus, so daß nur eine Schale von 1 cm bleibt. Mit dem Fleisch der Auberginen verarbeitet man in einer Terrine die Füllung, und zwar gibt man dazu die Anchovisfilets, den Käse, die gewaschenen Kapern, Salz und Pfeffer.
Diese Paste in die Auberginenhälften füllen. Danach röstet man die Semmelbrösel in etwas Olivenöl und bedeckt die Oberfläche der Auberginen damit. Sie kommen in den Backofen, bis sie gut gratiniert sind. Sofort servieren.

MELANZANE AL PESTO

Auberginen mit Basilikumsauce

Basilikum (ca. 20 Blätter)
4 gehackte Walnüsse
4 Knoblauchzehen
Olivenöl (kalt gepreßt)
4 Auberginen, Olivenöl (einfach)
Salz

Basilikum, Walnüsse und geschälte Knoblauchzehen in einem Mörser zerreiben. Dann langsam soviel Olivenöl (kalt gepreßt) angießen, daß beim Durchrühren eine wohlriechende sämige Paste entsteht.
Die Auberginen schälen und in 1 cm dicke Scheiben schneiden. Für ca. 20 Minuten in Salzwasser legen. Dann abspülen und abtrocknen. In heißem Olivenöl (es genügt hier das einfache) goldgelb braten. Leicht salzen und gut abtropfen lassen.
Auf einem großen Servierteller anrichten und nach Belieben mit der Basilikumsauce beträufeln.
Sie können die Auberginen übrigens auch grillen. Nur müßten die Scheiben dann etwas dicker sein.

POLPETTE DI MELANZANE

Auberginenfrikadellen

4 große, runde Auberginen
3 Eier
4 EL geriebener Schafkäse
50 g Semmelbrösel
2 EL Kapern
2 große Knoblauchzehen
1 Strauß glatte Petersilie
Salz, Pfeffer
Olivenöl
etwas Mehl

Man schält die Auberginen, schneidet sie in große Würfel, kocht sie gut in Salzwasser und schüttet sie auf einem Sieb ab. Nachdem die Auberginen abgekühlt sind, preßt man das verbliebene Wasser heraus, püriert sie grob in eine Schüssel und bereitet zusammen mit den Eiern, Semmelbröseln, Schafkäse, den feingehackten Kapern, gepreßten Knoblauchzehen und feingehackter Petersilie einen Teig, den man mit Salz und Pfeffer würzt. Nun formt man, mit Hilfe von 2 Eßlöffeln, mandelförmige Frikadellen, so groß wie eine Handfläche. Man wendet sie in Mehl und backt sie in reichlich heißem Olivenöl aus.
Berühmt sind die Auberginenfrikadellen aus Syrakus. Man kann sie in jeder Trattoria oder Taverne essen.

MELANZANE AL FORNO

Auberginen gebacken

3 große runde Auberginen
6 EL Olivenöl (kalt gepreßt)
5 Knoblauchzehen
1 Bund Petersilie
Salz, Pfeffer

Den Backofen auf 200 Grad vorheizen.
Auberginen waschen und gut abtrocknen, dann quer in 3 cm dicke Scheiben schneiden. Nun bepinselt man 2 große Backofenbleche mit Öl, belegt diese mit den Auberginenscheiben, schält den Knoblauch und teilt diesen in Spalten und steckt in jede Auberginenscheibe 2 Knoblauchspalten. Mit Salz und Pfeffer würzen und das restliche Olivenöl darüber gießen.
Die Auberginen im vorgeheizten Ofen 25 Minuten backen. Von den Blechen nehmen und auf einer Servierplatte anrichten. Mit Petersilie bestreuen und sofort servieren. Köstlich als Vorspeise, aber auch als Beilage zu Fisch, dazu paßt dann Rotwein am besten.

MELANZANE CARPIONATE

Auberginen neapolitanischer Art

6 Auberginen (kleinere)
1/2 Tasse Salz
2 1/2 Tassen Pflanzenöl zum Ausbacken

Für die Sauce:
5 EL Olivenöl (kalt gepreßt)
6 Sardellenfilets
1 Bund Petersilie (sehr feingehackt)
3 Knoblauchzehen (sehr feingehackt)
3 EL Rotweinessig (auch Balsamico)
Salz
Schwarzer Pfeffer

Man schält die Auberginen und schneidet sie in große Würfel (ca. 3–4 cm) und legt sie für 20 Minuten in kaltes Salzwasser. Man spült gut ab und trocknet sie auf Küchenkrepp. Das Pflanzenöl wird in einer großen Pfanne erhitzt und die Auberginenwürfel goldbraun darin ausgebacken. Die Auberginen werden nun auf einen großen Teller mit Küchenkrepp gelegt zum Abtropfen.
Für die Sauce erhitzt man in einer kleinen schweren Pfanne das Olivenöl, gibt die Sardellenfilets gut gewaschen hinein und zerdrückt sie mit einer Gabel, bis sie sich mit dem Öl vermischt haben. Den Essig, Salz und Pfeffer fügt man hinzu und läßt ein wenig einkochen.
Die Auberginenwürfel gibt man auf eine Servierplatte und gießt die Sardellensauce darüber. Ganz fein gehackte Petersilie und Knoblauch darüber streuen und gut vermischen.
Warm oder kalt servieren.

MELANZANE CON MOLLICA

Auberginen in Semmelbrot

4 Auberginen
2 Knoblauchzehen (ganz feingehackt)
Kapern
Basilikumblätter
50 g Semmelbrösel
Olivenöl

Nachdem die Auberginen geschält worden sind, werden sie in Würfel geschnitten und 20 Minuten in leicht gesalzenes Wasser gelegt. Danach werden sie in Küchenkrepp abgetrocknet. In einer Pfanne läßt man eine halbe Tasse Olivenöl mit den Knoblauchzehen und den vorgewaschenen Kapern ganz kurz anbraten. Danach kommen die Auberginen dazu. Kaum sind die Auberginenwürfel goldgebraten, werden sie mit den Semmelbröseln vermischt. Mit Basilikumblättern dekorieren.
Sie eignen sich als Vorspeise oder als Beilage zu Fleisch oder Fisch.
In vielen sizilianischen Städten wird diese Spezialität mit Pinienkernen bereichert.

MELANZANE DORATE ALLA MILANESE

Goldbraune Auberginen

4 Auberginen
3 Eier, Mehl, Salz
100 g Butter

Ein sehr einfaches Rezept, mit einem schmackhaften Ergebnis. Die Auberginen werden geschält, in dicke Scheiben geschnitten und 20 Minuten in Salzwasser gelegt. Danach trocknet man sie auf Küchenkrepp. Man schlägt die Eier schaumig und salzt leicht. Die Auberginenscheiben werden in den Eischaum getaucht, in Mehl gewendet und in heißer Butter langsam gebraten. Auf einem großen, runden Teller arrangieren und sofort servieren.

MELANZANE ALLA CALABRESE (AGRODOLCE)

Auberginen kalabresischer Art (süß-sauer)

4 Auberginen
50 g Zucker
30 g Feinbitterschokolade (gerieben)
30 g Walnußkerne
30 g Pinienkerne
30 g Rosinen
30 g Zitronat (gehackt)
1 Glas Rotweinessig
1 Prise Zimt
Salz und Pfeffer
2–3 EL Olivenöl (kalt gepreßt)

Die Auberginen werden geschält, in Streifen geschnitten und danach in Würfel. Sie werden dann für 20 Minuten in Salzwasser gelegt, abgespült und abgetrocknet. Man benutzt eine Auflaufform (oder einen Terracotta-Topf), legt die Auberginenwürfel hinein, begießt sie mit Olivenöl und brät sie auf kleiner Flamme 10 Minuten lang. Sofort danach gibt man die Schokolade, die Pinienkerne, die eingeweichten Rosinen, das Zitronat, den Zucker, Zimt, Salz und Pfeffer dazu, löscht mit einem halben Glas Rotweinessig ab, bedeckt den Topf und läßt 10 Minuten köcheln.
Nun den restlichen Essig dazugeben und weitere 10 Minuten ziehen lassen. Heiß servieren.

POLPETTONE DI MELANZANE ALLA GENOVESE

Auberginenpastete nach Art von Genua

6 Auberginen
20 g getrocknete Mischpilze
80 g geriebener Parmesankäse
3 Eier
1 Zwiebel (feingehackt)
2 Knoblauchzehen (feingehackt)
1 Handvoll Petersilie (feingehackt)
1 Handvoll frischer Majoran (feingehackt)
100 g Brot (gemahlen)
Olivenöl
Salz und Pfeffer

Die Auberginen werden geschält, gewaschen und in heißem Salzwasser blanchiert. Danach püriert man sie. In einer Pfanne mit 4 EL Olivenöl wird die Zwiebel glasig gedünstet, die Petersilie, Majoran und der Knoblauch hinzugefügt. 1 Minute durchziehen lassen. Dann die Pilze beigeben, die vorher 2–3 Stunden in lauwarmem Wasser eingeweicht wurden. Kochzeit 15–20 Minuten.
Erkalten lassen und das Auberginenpüree dazugeben. In der Zwischenzeit werden die Eier geschlagen, mit Salz, Pfeffer und Parmesankäse gewürzt und mit geriebenem Brot gemischt und unter die Gemüse gehoben.
Eine feuerfeste Form wird ausgeölt, die Pastete eingefüllt, mit geriebenem Brot bestreut und mit ein wenig Öl begossen. Backzeit im vorgeheizten Backofen bei 180 Grad circa 30–35 Minuten.

MELANZANE IN PEPERONI

Auberginen in Paprikaschoten

4 große Paprikaschoten
1 große Aubergine
1 EL Kapern
1 Dose geschälte Tomaten (250 g)
2 Knoblauchzehen (feingehackt)
1 EL Petersilie (feingehackt)
4 Anchovisfilets
50 g Semmelbrösel
Olivenöl
Salz und Pfeffer

Die Aubergine wird geschält und in Würfel geschnitten, 20 Minuten in Salzwasser gelegt. Abtropfen lassen. In einem Topf werden in 3 EL Olivenöl die Knoblauchzehen, die Petersilie und die Anchovisfilets leicht angebraten, dann gibt man die Auberginenwürfel hinzu und läßt sie garen, gelegentlich wenden.
Die Kapern und die Tomaten in kleine Stücke geschnitten hinzufügen. Man schmeckt mit Salz und Pfeffer ab und läßt die Füllung 20 Minuten langsam kochen.
In der Zwischenzeit werden die Paprikaschoten gewaschen, halbiert und von den Samen befreit, dann mit den abgekühlten Gemüsen, die mit den Semmelbröseln gemischt wurden, gefüllt. Die gefüllten Paprikaschoten auf ein geöltes Backblech setzen und im vorgeheizten Backofen bei 180 Grad circa 30 Minuten backen.

MELANZANE E PEPERONCINO

Auberginen mit Chilischoten

4 Auberginen (nicht zu groß)
50 g geriebener Schafkäse
1 Handvoll frische Basilikumblätter (feingehackt)
2 Chilischoten (oder italienischer Peperoncino)
Mehl, Olivenöl

Nachdem die Auberginen geschält sind, schneidet man sie der Länge nach in zwei Hälften und blanchiert diese 5 Minuten in kochendem Salzwasser. Man läßt sie gut abtropfen.
Auf eine Platte legt man 4 Hälften, bestreut diese mit den Basilikumblättern, zermahlenen Chilischoten und geriebenem Schafkäse, deckt die andern 4 Hälften darüber, wälzt die Auberginen in Mehl und brät diese in heißem Olivenöl aus.
Sie werden heiß serviert.

MELANZANE AL FORNO ALLA SARDA

Gebackene Auberginen sardischer Art

5 bis 6 große Auberginen
3 Knoblauchzehen
1 kleiner Strauß Petersilie
1 kleiner Strauß Basilikum
6 getrocknete Tomaten
Olivenöl, Salz

Die Auberginen ungeschält der Länge nach halbieren, mit Salz bestreuen und 20 Minuten ins Wasser legen. Dann abtropfen lassen. Die getrockneten Tomaten (sie sind in allen Feinkostläden zu kaufen) werden in sehr kleine Stücke geschnitten und zusammen mit den fein gehackten Kräutern vermischt. Mit einem Messer in die Auberginen einige Schnitte machen. Sie werden mit den Tomaten und der Kräutermischung gefüllt. Nun legt man die Auberginen in eine Blechform, begießt reichlich mit Olivenöl und bestreut mit Salz. Im vorgeheizten Backofen (180 Grad) bleiben sie 25 Minuten.

MELANZANE ALLA GRIGLIA

Gegrillte Auberginen

4 große Auberginen
3 Knoblauchzehen (sehr feingehackt)
1 Strauß Petersilie (feingehackt)
Olivenöl
Salz
Schwarzer Pfeffer

Man schält die Auberginen und macht daraus schöne dicke Scheiben, die 20 Minuten in Salzwasser gelegt werden. Danach werden sie im Küchenkrepp getrocknet.
Olivenöl in eine Schüssel geben, Auberginenscheiben und die Knoblauchzehen sowie die Petersilie zufügen. Pfeffern und salzen, durchziehen lassen. Den Grill anheizen, die Auberginenscheiben von beiden Seiten langsam darunter rösten.

MELANZANE E PIGNOLI

Überbackene Auberginen mit Pinienkernen

4 große runde Auberginen
1 Dose geschälte Tomaten (250 g)
1 große Gemüsezwiebel (gewürfelt)
1 Knoblauchzehe (gehackt)
1 Bund Basilikum
250 g Mozzarella
50 g Pinienkerne
Salz, Pfeffer
Zucker
Olivenöl

Die Auberginen werden geschält, in 2 cm dicke Scheiben geschnitten, 20 Minuten in Salzwasser gelegt, abgewaschen und abgetrocknet.
In einer Pfanne wird viel Olivenöl erhitzt, die Auberginen darin goldbraun gebraten und auf ein Sieb gelegt zum Abtropfen.
Öl in einem Topf erhitzen und Zwiebel und Knoblauch darin glasig dünsten. Die Tomaten werden grob gehackt und mit dem Saft in den Topf gegeben. Mit Salz, Zucker, Pfeffer und dem kleingeschnittenen Basilikum würzen. Die Tomatensauce muß bei mittlerer Hitze ohne Deckel circa 30 Minuten dicklich einkochen, dabei gelegentlich umrühren.
Die Auberginen werden in eine Auflaufform geschichtet und mit der eingedickten Tomatensauce begossen. Der Mozzarella wird in dünne Scheiben geschnitten und darüber gelegt. Die Form wird in den vorgeheizten Backofen gegeben und bei 200 Grad goldbraun gebacken (ca. 15 Minuten). Inzwischen werden die Pinienkerne ohne Fett in einer Pfanne geröstet und vor dem Servieren auf die überbackenen Auberginen gestreut.

ANTIPASTO DI MELANZANE E ZUCCHINE

Antipasti-Platte mit Auberginen und Zucchini

400 g Auberginen
400 g Paprikaschoten rot, grün und gelb
400 g Zucchini
Olivenöl
Salz, Pfeffer
1 TL Oregano
1 Strauß glatte Petersilie
1/8 Liter Rotweinessig
4 Lorbeerblätter
Oliven (schwarz oder grün)

Die Paprikaschoten werden geviertelt, entkernt, gewaschen und mit den Hautseiten nach oben auf ein Backblech gelegt. Im vorgeheizten Backofen bei 250 Grad backen, bis die Haut Blasen wirft und dunkel ist (ca. 20 Minuten). Nun die Schoten kurz mit einem feuchten Tuch abdecken, dann häuten.
Die Zucchini werden geschabt, gewaschen und längs in Viertel geschnitten. In circa 5 EL Olivenöl von allen Seiten braun braten, abtropfen lassen und mit Salz und Pfeffer würzen.
Die Auberginen werden geschält, längs geviertelt, in Salzwasser gelegt, abgespült, abgetrocknet und in circa 10 EL Olivenöl goldbraun gebraten. Abtropfen lassen. Aus Essig, Salz, Pfeffer, Oregano und Olivenöl eine Sauce rühren. Alle Gemüse auf einer großen Platte anrichten, zusammen mit dem Lorbeer und der von den Stielen gezupften Petersilie und den Oliven. Die Sauce wird darüber gegossen. 1 Stunde durchziehen lassen.

PASSATO DI MELANZANE CON CROSTINI

Auberginenmus auf geröstetem Brot

2 große Auberginen
2 EL Zitronensaft
2 Knoblauchzehen
3 EL Olivenöl (kalt gepreßt)
Salz
Pfeffer
8 Scheiben helles Mischbrot

Die Auberginen werden rundherum mit der Gabel eingestochen und 20 Minuten im vorgeheizten Backofen bei 200 Grad geröstet, einmal wenden. (Ein noch besseres Aroma erreicht man auf dem Holzkohlengrill.)
Danach werden die Auberginen längs halbiert. Das Fruchtfleisch wird mit einem Löffel herausgenommen und püriert.
Den Knoblauch pressen, Zitronensaft und Olivenöl hineingeben, mit Salz und Pfeffer abschmecken und gut durchrühren.
Das Brot wird im vorgeheizten Backofen bei 250 Grad 10 Minuten geröstet und dann dick mit dem Auberginenmus bestrichen. Auf einer Platte anrichten und sofort servieren.

MELANZANE RIPIENE CON AGNELLO

Gefüllte Auberginen mit Lammfleisch

4 große Auberginen
500 g Lammfleisch (durchgedreht)
3 Zwiebeln, 1 Knoblauchzehe
1 Strauß glatte Petersilie, 1 TL Oregano
2 Dosen geschälte Tomaten à 250 g
Salz, Pfeffer, Olivenöl

Die Auberginen werden nicht geschält. Stielansatz daran lassen, jede Aubergine wird fächerförmig in 1 cm dicke Scheiben geschnitten. Die einzelnen Scheiben salzen und die Auberginen 30 Minuten beiseite stellen.
Inzwischen wird eine Zwiebel geschält und fein gehackt, die Knoblauchzehe gepellt und gepreßt, die Petersilie fein durch eine Kräutermühle gedreht und unter das Lammhack gemischt. 1 EL Öl unter das Fleisch rühren, dann mit Salz und Pfeffer gut würzen.
In einem Topf werden 2 EL Olivenöl erhitzt, darin zwei feingehackte Zwiebeln glasig gedünstet, die Tomaten püriert dazugegeben. Mit Salz und Pfeffer abschmecken und mit Oregano würzen. 30 Minuten unter umrühren köcheln lassen. Die Auberginen werden nun abgespült und in Küchenkrepp gut ausgedrückt. Dann in reichlich Olivenöl einige Minuten frittieren, abtropfen und auskühlen lassen.
Nun wird der Fleischteig zwischen die einzelnen Scheiben gedrückt (das geht am besten von unten nach oben) und die Auberginen mit einem Fleischfaden leicht zusammengebunden. Nun in eine große feuerfeste Form legen, mit der dicklichen Tomatensauce begießen und im vorgeheizten Backofen bei 180 Grad ca. 40 Minuten backen. Warm servieren.

INVOLTINI DI MELANZANE E MERLUZZI

Auberginenrouladen mit Kabeljau

3 große Auberginen
8 kleine Kabeljau (oder Kabeljau am Stück)
1 große Knoblauchzehe
1 EL Oregano
Salz, Mehl
Olivenöl

Die Auberginen werden geschält, der Länge nach in 1 cm dicke Scheiben geschnitten und 20 Minuten in Salzwasser gelegt. Dann abgespült und mit Küchenkrepp abgetrocknet.
In viel heißem Öl werden sie goldgelb ausgebraten. Auf ein Sieb geben und abtropfen lassen.
Die kleinen Kabeljau werden gewaschen, mit Mehl bestäubt und in heißem Öl langsam gegart. Beiseite legen und abkühlen lassen. Dann enthäuten, entgräten und filetieren.
Gleichgroße Auberginenscheiben auswählen, in jede ein Fischfilet einrollen und mit einem Holzstäbchen befestigen.
Die Auberginenrouladen werden auf einer Platte angerichtet und mit der feingehackten Knoblauchzehe und mit Oregano bestreut.
Wer nur Kabeljau am Stück kaufen kann, verfährt genauso, muß aber den Kabeljau auf die gleiche Größe wie die Auberginenscheiben zurechtschneiden.

BARCHETTE DI MELANZANE

Auberginenschiffchen

4 schöne, runde Auberginen
1 Dose geschälte Tomaten (250 g)
1 Handvoll Kapern
1 Handvoll entkernte Oliven
1 TL Oregano
Olivenöl (kalt gepreßt)
Salz

Die Auberginen werden nicht geschält, man halbiert sie der Länge nach, so daß zwei Schiffchen entstehen, wäscht sie und läßt sie gut abtropfen. Sie werden mit der Schalenseite auf eine Backblechform gesetzt, gesalzen und mit Olivenöl begossen. Mit Kapern, Oliven und Tomatenfilets bedecken und mit reichlich Oregano bestreuen.
Im vorgeheizten Backofen werden sie ca. 45 Minuten bei 200 Grad gebacken.

MELANZANE ALLA PIZZAIOLA

Auberginen pizzaiola

3 große Auberginen
2 Dosen geschälte Tomaten à 250 g
3 Knoblauchzehen (feingehackt)
1 TL Oregano
Salz
Olivenöl

Die Auberginen werden mit der Schale in runde Scheiben (circa 2 cm dick) geschnitten, 20 Minuten in Salzwasser gelegt und auf Küchenkrepp getrocknet. Dann auf ein Backblech legen, mit Tomatenfilets bedecken und mit Knoblauch und Oregano bestreuen. Abgeschmeckt mit Salz und begossen mit Olivenöl werden sie im vorgeheizten Backofen bei 250 Grad 40 Minuten gebacken. Sie werden warm mit weißem Brot serviert.

MELANZANE IN CARROZZA

Auberginen mit Mozzarellakäse

3 große Auberginen
300 g Mozzarellakäse
150 g Mehl
3 Eier
Salz
Olivenöl

Die ungeschälten Auberginen quer in nicht zu dicke Scheiben schneiden, 20 Minuten in Salzwasser legen, dann abwaschen und gut abtropfen lassen.
Öl in einer Pfanne erhitzen, die Auberginen darin goldgelb ausbraten. Abkühlen lassen.
Den Mozzarella in dünne Scheiben schneiden und zwischen zwei gebratene Auberginenscheiben legen. In Mehl wenden und in die geschlagenen, leicht gesalzenen Eier tauchen. Dann mit einem Stäbchen zusammenstecken und in heißem Öl vorsichtig von beiden Seiten braten. Warm servieren.

INVOLTINI DI MELANZANE

Auberginenrouladen

4 Auberginen (sehr groß und rund)
100 g Semmelbrösel
100 g geriebener Schafkäse
3 gekochte Eier
1 Zwiebel
1 Dose geschälte Tomaten (250 g)
Oregano, Salz, Pfeffer
Olivenöl

Man schält die Auberginen, schneidet sie in 1 cm dicke Scheiben und legt sie 20 Minuten in Salzwasser. Auf Küchenkrepp gründlich abtropfen lassen.
In viel Olivenöl (oder Bratöl) werden die Scheiben ausgebraten, bis sie eine schöne goldene Farbe erreichen. Auf einem Sieb abtropfen lassen.
Inzwischen bereitet man die Tomatensauce: Olivenöl in einem Topf erhitzen und die feingehackte Zwiebel darin anschmoren. Die pürierten Tomaten hinzufügen und mit Salz, Pfeffer und Oregano abschmecken. Die Sauce 20 Minuten ohne Deckel köcheln lassen, damit sie eindicken kann.
Die Semmelbrösel werden in einer großen Pfanne mit Olivenöl geröstet. Aus der erkalteten Sauce, den Bröseln, dem Käse, den hartgekochten Eiern (in Stückchen gecshnitten) wird eine Farce gemacht. Auf jede Auberginenscheibe gibt man 1 EL Farce, rollt die Scheibe auf und befestigt sie mit einem Holzstäbchen.
Die Rouladen dann in eine feuerfeste Form füllen und im Ofen bei 220 Grad zehn Minuten backen.

RATATOUILLE

Ratatouille

4 Auberginen
2 grüne, 2 gelbe und 2 rote Paprikaschoten
4 Zucchini (zart)
4 Fleischtomaten
4 bis 8 Schalotten
4 Knoblauchzehen
1 Tasse trockener Weißwein
1 Tasse Olivenöl (kalt gepreßt)
Rosmarin- und Thymianzweige
Salz

Die Auberginen schälen, in Würfel schneiden und für 20 Minuten in Salzwasser legen. Gut abtropfen lassen.
Die Paprikaschoten vierteln, gründlich von den Samen befreien und waschen.
Die Zucchini schälen und in große Würfel schneiden. Die Tomaten enthäuten und von den Samen befreien. Die Schalotten schälen, in Ringe schneiden und in einem großen Topf in Olivenöl goldgelb braten.
Nun alle Gemüse hinzufügen, salzen und mit Weißwein ablöschen.
Die Kräuter zu einem Strauß binden und darauflegen.
Die Ratatouille im geschlossenen Topf ca. 40 Minuten bei mittlerer Hitze garen lassen.
Wer mag, kann vor dem Servieren etwas ungespritzte Zitronenschale über das Gericht reiben.

MELANZANE ALL'UVA PASSA

Auberginen mit Rosinen

6 schöne Auberginen (nicht zu groß)
1 Knoblauchzehe
20 Pfefferminzblätter
100 g Schafkäse in Stücken
50 g Rosinen

Für die Tomatensauce:
1 Dose geschälte Tomaten (250 g)
1 Zwiebel
1 Knoblauchzehe
1 Prise Safran
Basilikum und Petersilie
Salz und Pfeffer
1/2 Glas Weinessig

Die Sauce bereitet man so: in einem Topf mit zwei EL Olivenöl läßt man die feingehackte Zwiebel und den Knoblauch goldbraun braten, gibt die pürierten Tomaten hinein und würzt mit Salz und Pfeffer. Nach 10 Minuten füllt man das 1/2 Glas Weinessig auf und läßt die Sauce auf kleinem Feuer einkochen.
Die feingehackten Kräuter (Basilikum und Petersilie) werden eingerührt und mit Safran abgewürzt: die Sauce muß geschmeidig sein.
Die Auberginen werden geschält, in 1 cm dicke Scheiben geschnitten, 20 Minuten in kaltes Salzwasser gelegt, abgetrocknet und in heißem Öl goldbraun ausgebraten. Danach auf ein Sieb legen zum Abtropfen.
Die Auberginen in eine Schüssel geben und mit feingehacktem Knoblauch und feingehackten Pfefferminzblättern sowie gut gewaschenen Rosinen bestreuen und mit der Tomatensauce bedekken. Man läßt sie 1 Stunde ziehen. Vor dem Servieren gibt man die kleinen Stücke Schafkäse hinzu.

PIZZETTE DI MELANZANE

Auberginenpizza

4 dicke Auberginen
1 Dose geschälte Tomaten (250 g)
1 Zwiebel
8 Anchovisfilets
2 hartgekochte Eier
100 g Mozzarella
Oregano, Salz
Olivenöl

Die Auberginen werden möglichst nicht geschält, in dicke Scheiben geschnitten und 20 Minuten in Salzwasser gelegt. Dann werden sie abgetrocknet und in Olivenöl ausgebraten, bis sie eine schöne Farbe erreichen. Danach wird eine Tomatensauce aus den geschälten Tomaten bereitet: eine Zwiebel wird feingehackt, in einem Topf mit etwas Olivenöl, Salz und einer Prise Oregano angedünstet und mit den pürierten Tomaten aufgefüllt. Die Sauce muß 20 Minuten auf kleinem Feuer unbedeckt kochen.
Die Eier werden in feine Scheiben, der Mozzarella in Würfel geschnitten, die Anchovisfilets werden in 1 cm lange Stückchen geteilt. Man legt dann die Auberginenscheiben auf eine große Platte, so, als ob es kleine Pizze wären, gibt darauf 1 oder 2 EL Tomatensauce, Eierscheiben, Mozzarellastückchen und Anchovisfilets und bestreut mit sehr fein gemahlenem Oregano. Eine leckere Vorspeise - aber sie sind auch gut als Beilage zu Fleisch oder Fisch.

SPAGHETTI ALLA CATANESE

Spaghetti mit fritierten Auberginen

2 große Auberginen
500 g Spaghetti
100 g Butter
100 g geriebener Schafkäse
2 getrocknete Chilischoten
Salz
Olivenöl
Mehl

Die Auberginen werden geschält und in kleine Rechtecke geschnitten, dann 20 Minuten in kaltes Wasser gelegt. Die gut abgetrockneten Auberginen wendet man in Mehl und frittiert sie in viel heißem Olivenöl.
Die gebratenen Auberginen abtropfen lassen und leicht salzen.
In der Zwischenzeit kocht man die Spaghetti in viel Salzwasser al dente, siebt sie ab, vermischt sie mit Butter, Käse und den feingehackten Chilis. In Portionen auf die Teller füllen und die Auberginen darauf verteilen.

PASTA ALLA NORMA

Spaghetti mit Auberginen

2 mittelgroße Auberginen
1 Knoblauchzehe
2 Dosen Tomaten à 250 g
frische Basilikumblätter
500 g Spaghetti
50 g geriebener Parmesankäse (oder Schafkäse)
Olivenöl
Salz und Pfeffer

Man schält die Auberginen, schneidet sie in Scheiben und läßt sie 20 Minuten in Salzwasser liegen. Dann gut abtropfen lassen.
Inzwischen erhitzt man 3 EL Olivenöl in einem Topf und brät darin die gepreßte Knoblauchzehe goldgelb.
Die pürierten Tomaten hinzufügen, ebenso einige Blätter Basilikum. Mit Salz und Pfeffer würzen und die Sauce bei großer Hitze 20 Minuten sämig kochen.
Die abgetrockneten Auberginenscheiben werden in Olivenöl goldbraun gebraten.
Man kocht die Spaghetti al dente und serviert die Nudeln mit Sauce vermischt, mit den Auberginen obendrauf und mit dem geriebenen Käse bedeckt.
Diese beliebte Speise der Bewohner von Catania auf Sizilien ist dem Komponisten Vincenzo Bellini (1801–1835) gewidmet, der in dieser Stadt geboren wurde.

SPAGHETTI CON MELANZANE ALLA SIRACUSANA

Spaghetti mit Auberginen nach syrakusanischer Art

1 große Aubergine
2 große Paprikaschoten
2 Dosen geschälte Tomaten à 250 g
50 g schwarze Oliven
4 bis 6 Anchovisfilets (durch kurzes Waschen entsalzen)
1 Handvoll Kapern
1 Handvoll gehackte Petersilie
500 g Spaghetti
Salz und Pfeffer
Olivenöl

Die Auberginen schälen, in 1 cm dicke Scheiben schneiden und 20 Minuten in Salzwasser legen. Mit Küchenkrepp abtrocknen und in heißem Olivenöl goldbraun braten. Die Paprikaschoten in Viertel schneiden, die Samen sorgfältig entfernen und waschen. Mit der Hautseite nach oben auf ein Backblech legen und im vorgeheizten Ofen bei 250 Grad grillen, bis die Haut dunkel ist.
Die Schotenteile kurz mit einem feuchten Tuch abdecken, so lassen sie sich gut enthäuten. Nun der Länge nach in Streifen schneiden.
In einem Topf wird das Olivenöl erhitzt, die Kapern, Anchovisfilets und Oliven feingehackt, kurz angeröstet und mit den pürierten Tomaten aufgefüllt. Nachdem die Sauce 10 Minuten kocht, fügt man die gehackte Petersilie hinzu, dann die Paprikastreifen und die Auberginenscheiben. Man würzt mit Salz und Pfeffer aus der Mühle und läßt alles auf kleiner Flamme 1/2 Stunde kochen.
In der Zwischenzeit kocht man die Spaghetti in viel Salzwasser al dente, siebt sie ab und vermischt sie mit der Gemüsesauce.

ZUCCHINI UND KÜRBIS

Sag es
mit Blüten und Blumen

PASTICCIO DI ZUCCHINE AL LIMONE

Zucchiniauflauf mit Zitronenkruste

1 kg Zucchini
2 kleine Zwiebeln
1 Dose geschälte Tomaten (250 g)
1 Knoblauchzehe
1 Bund glatte Petersilie
abgeriebene Schale von 2 unbehandelten Zitronen
100 g Semmelbrösel
Olivenöl

Die Zucchini schaben, waschen und in Stäbchen schneiden. Die Zwiebeln pellen und in dünne halbe Ringe schneiden. In heißem Öl werden die Zucchini und Zwiebeln goldgelb geröstet, gesalzen und gepfeffert. Das Öl wird abgegossen, die Tomaten werden grob gehackt, dazugegeben und im offenen Topf kräftig 10 Minuten eingekocht.
In der Zwischenzeit wird die Knoblauchzehe und die Petersilie feingehackt und mit der Zitronenschale und den Semmelbröseln, 2 EL Öl und Salz vermischt.
Die Gemüse abschmecken und in eine flache Gratinform füllen. Die Bröselmasse darüberstreichen und im vorgeheizten Backofen bei 220 Grad 25 Minuten backen.

PARMIGIANA DI ZUCCHINE

Zucchiniauflauf

12 Zucchini
2 Dosen geschälte Tomaten à 250 g
200 g Mozzarella
1 TL Oregano
Salz und Pfeffer, Öl

Man wäscht und säubert die Zucchini, trocknet sie und schneidet sie der Länge nach in 1 cm dicke Scheiben. Dann werden sie sorgfältig in Öl gefrittet und mit Salz gewürzt.
Backofen vorheizen.
In eine Auflaufform schichtet man eine Lage Zucchinistreifen, die etwas zerpflückten Tomaten (ohne Flüssigkeit), Mozzarella in feinen Scheiben, Oregano und Pfeffer nach Geschmack.
Den Vorgang wiederholen, bis die Zutaten aufgebraucht sind. Im Backofen bei 200 Grad backen, bis die Oberfläche goldfarbig ist.

TRIFOLI DI ZUCCHINE E CHAMPIGNONS

Fein aufgeschnittene Zucchini und Champignons

500 g kleine, zarte Zucchini
500 g Champignons
1 Knoblauchzehe
1 Bund Petersilie
einige Blätter Basilikum
Salz, Butter, Öl

Butter und Öl werden auf kleiner Flamme in einem Topf erhitzt. Darin läßt man die Knoblauchzehe goldgelb angehen. Man gibt die geputzten und in Streifen geschnittenen Pilze dazu und läßt sie 5 Minuten dünsten. Nun gibt man die geputzten und ebenfalls in Streifen geschnittenen Zucchini dazu, salzt und läßt alles im eigenen Saft garziehen.
Vor dem Servieren bestreut man das Gericht mit feingehackter Petersilie und Basilikumblättern.

FRITTATA DI ZUCCHINE

Zucchini-Omelett

4 kleine Zucchini
Olivenöl
6 Eier
Salz, Pfeffer

Die Zucchini fein schälen, in 1 cm dicke Scheiben schneiden und auf Küchenkrepp legen.
Das Öl in einer großen Pfanne erhitzen und die Zucchinischeiben goldbraun braten.
Die Eier schaumig schlagen und mit Salz und Pfeffer würzen, die Zucchinischeiben zufügen. Wieder etwas Öl in die Pfanne geben, erhitzen und das Omelett darin zubereiten.
Sie können es rund wie einen Pfannkuchen servieren - oder es mit Hilfe einer Fritierschaufel während des Bratens in Form eines Fisches zusammenklappen.

ZUCCHINE A SCAPECE

Zucchini mariniert

10 kleine Zucchini
1 und 1/2 Tasse Maisöl
1 und 1/2 Tasse Sonnenblumenöl
1/2 Tasse Olivenöl (kalt gepreßt)
2 Knoblauchzehen
6 EL Rotweinessig (Aceto balsamico)
25 mittelgroße Pfefferminzblätter
Salz
Pfeffer

Backofen auf 200 Grad vorheizen.
Man wäscht die Zucchini gut und schneidet die beiden Enden ab, teilt sie der Länge nach in 1 und 1/2 cm dicke Streifen und halbiert die Streifen. Nun bepinselt man ein Kuchenblech mit Öl, verteilt die Stücke darauf und schiebt die Zucchini für 10 Minuten in den Backofen. Man nimmt sie heraus, legt sie auf Küchenkrepp und trocknet sie 1/2 Stunde. Die 3 Sorten Öl werden in einer Fritierpfanne erhitzt und die Zucchinistücke darin gelb ausgebacken.
Auf Küchenkrepp abtropfen lassen, auf einer Servierplatte anrichten, mit Salz, Pfeffer und sehr feingehacktem Knoblauch bestreuen und mit Weinessig begießen. Das Gericht wird in Alufolie eingepackt und für mindestens 3 Stunden in den Kühlschrank gestellt. Die Pfefferminzblätter werden grob zerkleinert und vor dem Servieren über das Gericht gestreut.

ZUCCHINE CON BESCIAMELLA

Zucchini mit Béchamelsauce

Béchamelsauce:
50 g Butter
50 g Mehl
1/2 l Milch
Muskatnuß

8 zarte Zucchini
100 g Parmesankäse (fein gerieben)
Salz
Öl

Man bereitet eine Mehlschwitze, indem man in einem Topf die Butter zergehen läßt, das Mehl hinzugibt und solange rührt, bis sich die Masse goldgelb färbt. Dann gibt man die kalte Milch unter ständigem Rühren dazu und würzt mit Salz und Muskatnuß. Die Sauce auf kleiner Flamme 10 Minuten kochen lassen, dabei ständig rühren, damit keine Klümpchen entstehen.
Backofen auf 200 Grad vorheizen.
Danach schneidet man die Zucchini länglich 1 cm dick, wäscht sie und trocknet sie mit Küchenkrepp. Nachdem die Zucchini gebraten sind, werden sie in eine Form gelegt, mit Béchamelsauce begossen und mit Parmesankäse bestreut. Im vorgeheizten Backofen ca. 20 Minuten backen.

ZUCCHINE RIPIENE

Gefüllte Zucchini

4 große Zucchini
300 g Kalbshackfleisch
100 g geriebener Parmesankäse
Salz
Pfeffer
Olivenöl
1 Glas trockener Weißwein

Die Zucchini werden gewaschen, halbiert und ausgehöhlt, so daß eine Röhre entsteht. Das macht man am besten mit Hilfe eines Kochlöffels. Man blanchiert sie nun 5 Minuten in Salzwasser und läßt sie auskühlen.
Inzwischen brät man das Fleisch in Olivenöl an, würzt mit Salz und Pfeffer und mischt den Käse darunter.
Backofen auf 180 Grad vorheizen.
Diese Masse wird nun, am besten per Hand, in die Zucchini gefüllt, die nebeneinander in eine feuerfeste Form gelegt und mit dem trockenen Weißwein begossen werden.
Man gart sie im Backofen ca. 20 Minuten. Das Gericht kann warm oder kalt serviert werden.

LINGUE DI PASSERO E ZUCCHINE

Spatzenzungen mit Zucchini

1 Pfund Spatzenzunge (Die Nudelsorte ,,Lingue di passero")
6 Zucchini
Olivenöl
Salz und Pfeffer
1 Knoblauchzehe
100 g Schafkäse

Die Zucchini werden gründlich gewaschen, in runde Scheiben geschnitten, gesalzen und abgetrocknet. Dann werden sie in Olivenöl gebraten. Inzwischen kocht man die Nudeln in viel Salzwasser al dente, gießt sie über einem Sieb ab und schüttet sie in denselben Topf zurück, um sie mit Käse und etwas Pfeffer zu mischen und abzuschmecken.
Portionenweise auf die Teller servieren, dazu kommen die Zucchini und etwas von dem feingehackten Knoblauch.

INSALATA DI ZUCCHINE CRUDE

Roher Zucchinisalat

500 g kleine, zarte Zucchini
Saft einer Zitrone
Olivenöl (kalt gepreßt)
Salz
Weißer Pfeffer

Die gut gesäuberten, getrockneten Zucchini werden in dünne Streifen geschnitten und mit Olivenöl, Salz und Pfeffer abgeschmeckt. Dann werden sie mit dem Saft der Zitrone begossen. Nach der Zubereitung wird der Salat sofort serviert.

ZUCCHINE ALLE ERBE

Zucchini mit Kräutern

8 mittelgroße Zucchini
3 Schalotten
1 Knoblauchzehe
8 Blättchen frischer Salbei
1 Strauß Basilikum
2 EL Zitronensaft
1 Glas trockener Weißwein
Salz
Weißer Pfeffer
Olivenöl

Die Zucchini werden gründlich gewaschen, wenig geschabt und in nicht zu dünne Scheiben geschnitten. Die Schalotten werden gepellt und in sehr feine Scheiben geschnitten und in einem Topf mit Öl goldgelb angedünstet.
Die Zucchini darin unter wenden goldgelb braten. Alles Öl abgießen. Nun mit Salz und Pfeffer würzen, mit Zitronensaft und Wein abschmecken. Den Salbei und das Basilikum feinhacken und unter das Gemüse heben, 5 Minuten ziehen lassen, dann servieren.

GRATIN DI ZUCCHINE

Zucchini-Gratin

500 g Zucchini
1 Gemüsezwiebel
100 g gekochter Schinken
1 Bund glatte Petersilie
200 g Ricotta frisch
50 g Parmesankäse
3 Eier
Salz, Pfeffer

Zucchini waschen und grob raffeln. Zwiebel sehr fein würfeln, Petersilie hacken, den Schinken würfeln. Nun die Zucchini salzen und ausdrücken. Die Eier schlagen, salzen und pfeffern, die Ricotta unterziehen. Alle Zutaten werden zu einem Teig verrührt und in eine Gratinform gefüllt. Im vorgeheizten Backofen bei 220 Grad 35–40 Minuten backen.
Den geriebenen Parmesankäse darüberstreuen, backen lassen, bis er goldbraun ist.

TORTELLE DI ZUCCHINE

Zucchini-Küchlein

8 mittelgroße Zucchini
2 Eier
2 EL Mehl
Salz, Koriander
Olivenöl

Die Zucchini werden geschält, gewaschen und grob geraspelt. Mit Eiern, Mehl, Salz und Koriander vermengen.
In einer großen Pfanne wird viel Olivenöl erhitzt und darin dünne, kleine Zucchini-Küchlein von jeder Seite circa 3 Minuten ausgebraten.

ZUCCHINE CON MOZZARELLA

Zucchini mit Kräutern und Mozzarella

8 Zucchini
1 Knoblauchzehe
1 Strauß glatte Petersilie
1 Zweig frischer Rosmarin
2 EL Zitronensaft
2 EL Parmesankäse (frisch gerieben)
1 Büffelmozzarella (250 g)
Salz, Pfeffer
Olivenöl

Die Zucchini werden geschält, längs halbiert und gewaschen, abgetrocknet, gesalzen und gepfeffert. Eine Auflaufform wird eingeölt und die Zucchini mit der Schnittfläche nach unten eingeschichtet. Die Petersilie wird feingehackt, die Rosmarinnadeln vom Zweig gezupft und über die Zucchini gestreut. Die Knoblauchzehe darüber gepreßt, Zitronensaft und etwas Olivenöl darauf geträufelt. Die Form wird mit Alufolie abgedeckt und für ca. 25 Minuten in den vorgeheizten Backofen (220 Grad) gegeben. Der Mozzarellakäse wird in dünne feine Blättchen geschnitten, die Alufolie von der Form genommen und der Mozzarella auf die Zucchini gelegt. Mit dem Parmesankäse bestreuen und ca. 5 Minuten übergrillen bis der Käse leicht gebräunt ist.
Heiß servieren.

ZUCCHINE AL PROSCIUTTO

Überbackene Zucchini mit Schinken

8 kleine frische Zucchini
8 Scheiben Schinken (gekocht)
8 Scheiben Fontinakäse (oder ähnliche Käsesorte)
100 g Parmesankäse (frisch gerieben)
125 g Butter

Die Zucchini waschen, in kochendem Wasser blanchieren, absieben und abkühlen lassen.
Jede Zucchini wird mit einer Scheibe Schinken und einer Scheibe Käse umwickelt und mit einem Holzstäbchen befestigt. In eine ausgebutterte feuerfeste Auflaufform nebeneinander einschichten, mit dem Parmesankäse bestreuen und mit Butterflocken belegen. Die Zucchini werden dann im vorgeheizten Backofen bei 250 Grad goldbraun gebacken (10–15 Minuten). Sofort servieren.

ZUCCHINE ALLA MODICANA

Zucchini nach Art von Modica

6 zarte Zucchini
1 Dose geschälte Tomaten (250 g)
4 Löffel Crème fraîche
1 TL Oregano
Salz und Pfeffer
Olivenöl

Die Zucchini werden gesäubert, gewaschen und abgetrocknet. Dann schneidet man sie der Länge nach in Scheiben.
Man erhitzt nun in einer großen Pfanne das Olivenöl und gibt die Zucchinischeiben für einige Minuten hinein. Wenn sie etwas Farbe angenommen haben, püriert man die geschälten Tomaten darüber, würzt mit Oregano, Salz und Pfeffer. Nach 5 Minuten wird Crème fraîche untergezogen.
Dieses Zucchinigericht eignet sich hervorragend als Beilage.

SPAGHETTI AL POMODORO CON ZUCCHINE

Spaghetti mit Zucchini und Tomatensauce

6 Zucchini
1 Dose geschälte Tomaten (250 g)
1 Zwiebel
1 TL Oregano
Salz und Pfeffer
Öl
500 g Spaghetti oder Fedelini
Basilikumblätter
50 g Pecorino (Schafkäse) oder Parmesankäse (gerieben)

Öl in einem Topf erhitzen und die fein gehackte Zwiebel darin braten, bis sie glasig ist, die pürierten Tomaten dazugeben, umrühren und 5 Min. bei mäßiger Hitze köcheln. Oregano, Salz und Pfeffer zufügen und 30 Min. weiterköcheln lassen. Die Zucchini werden nicht geschält, sondern gesäubert und gewaschen, in runde Scheiben geschnitten und in Öl goldbraun gebraten. Auf einem Sieb abtropfen lassen.
Nun läßt man sehr viel Salzwasser kochen und gart darin die Spaghetti al dente, schüttet sie über einem Sieb ab und vermischt sie mit der noch warmen Tomatensauce.
Sofort portionsweise auf Tellern anrichten, mit den Zucchinischeiben bedecken und dem geriebenen Käse bestreuen.
Diese Spezialität ist in Süditalien vor allem im Sommer (serviert mit einem kalten, trockenen Weißwein) sehr beliebt.

ZUCCHINE ALLA VENETA

Zucchini venetianischer Art

1 kg Zucchini (zart und klein)
50 g Butter
4 EL Olivenöl
2 Eier
1 Eidotter
60 g Parmesankäse
1 EL Petersilie (feingehackt)
Salz und Pfeffer

Die Zucchini werden gewaschen und in feine Scheiben geschnitten. In einer Pfanne läßt man die Butter schmelzen und brät die Zucchini einige Minuten an, salzt und gibt die Petersilie dazu. Die Zucchinischeiben sollen noch ein wenig fest sein.
Die Eier werden geschlagen, mit Salz und Pfeffer abgeschmeckt, der Parmesankäse untergehoben.
5 Minuten bevor man servieren möchte, gießt man die Eier über die Zucchini und hebt sie mit einem Holzlöffel vorsichtig unter.

ZUCCHINE ALLA GENOVESE

Zucchini nach Genua-Art

8 Zucchini
2 Knoblauchzehen (feingehackt)
1 TL Oregano
1 Strauß Petersilie (feingehackt)
Olivenöl
Salz und Pfeffer

Die Zucchini werden gesäubert und in dünne Streifen von 4 cm Länge geschnitten. In einer Pfanne mit sehr viel Öl werden sie dann bei großer Hitze goldbraun gebraten. Wenn sie fast gar sind, schmeckt man mit Salz ab und gibt die Knoblauchzehen sowie die Petersilie dazu. Mit Oregano und Pfeffer würzen und sofort servieren. Köstlich als Beilage zu Fleisch.

ZUCCHINE AL PARMIGIANO

Zucchini mit Parmesankäse

8 zarte Zucchini
30 g Butter
50 g Parmesankäse (frisch gerieben)
Salz und Pfeffer

Die Zucchini werden gesäubert und gewaschen, dann in kleine dünne Streifen geschnitten. Sollte man große, dicke Zucchini haben, müssen sie auch von den Samen befreit werden.
Die Zucchinistreifen werden in einer Pfanne mit Butter hellgold gebraten, mit Salz und Pfeffer gewürzt, vor dem Servieren mit Parmesankäse bestreut und warm gegessen.

ZUCCHINE RIPIENE ALLA LIGURE

Gefüllte Zucchini ligurischer Art

8 Zucchini
1 eingeweichtes Brötchen
Salz, Pfeffer und Oregano
2 EL Béchamelsauce
(Beschreibung der Zubereitung am Ende des Rezeptes)
1 Eidotter
1 EL geriebener Parmesankäse
50 g Schinken (kleingewürfelt)
1 Handvoll getrocknete Pilze (ca. 2 Stunden einweichen)
2 Eier

Für dieses Gericht benötigt man einwandfreie Ware: die Zucchini müssen frisch und im Durchmesser nicht zu dünn sein.
Man säubert sie und teilt sie der Länge nach durch. Mit Hilfe eines Messers oder Löffels das Fruchtfleisch vorsichtig herauslösen. Die Hüllen in kochendem Salzwasser 3 Minuten blanchieren, über einem Sieb vorsichtig abschütten und erkalten lassen. Das Fruchtfleisch der Zucchini, das eingeweichte und wieder ausgedrückte Brötchen, der Eidotter, die Béchamelsauce, die Schinkenwürfel,

die zerkleinerten Pilze, Salz, Pfeffer und Oregano werden gut verarbeitet. Die Mischung wird mit Hilfe eines Eßlöffels in die Schiffchen gefüllt. Dann die 16 Hälften auf ein mit Öl bepinseltes rechteckiges Backblech setzen. 2 Eier schaumig schlagen, mit dem Parmesankäse mischen und über die gefüllten Zucchini gießen.
Im vorgeheizten Backofen bei 180 Grad circa 1/2 Stunde backen.

Für die Béchamelsauce:
50 g Butter
50 g Mehl
1/2 l Milch
Muskat
Salz

Man bereitet eine Mehlschwitze, indem man in einem Topf die Butter zergehen läßt, das Mehl hinzugibt und so lange rührt, bis sich die Masse goldgelb färbt.
Dann gibt man die kalte Milch unter ständigem Rühren dazu und würzt mit Salz und Muskatnuß. Die Sauce läßt man 10 Minuten auf kleiner Flamme unter ständigem Rühren kochen. Der italienische Beitrag zur Béchamelsauce ist ein Eßlöffel Parmesankäse, der die Sauce etwas kräftiger macht.

ZUPPA DI ZUCCHINE E PATATE

Zucchinisuppe

8 kleine oder 6 mittelgroße Zucchini
3 Pfund Kartoffeln (mittelgroß)
1 Pfund Zwiebeln (weiß)
Salz, Pfeffer
1 Strauß Basilikum
Olivenöl

Die Kartoffeln werden geschält und geviertelt, die Zucchini werden geschält und in 3 cm lange Stücke geteilt, die Zwiebeln werden geschält und geviertelt. Alle Gemüse zusammen waschen und abtropfen lassen. In einem großen Topf wird das Öl erhitzt und die Gemüse darin kurz angeröstet, dann mit Wasser (etwa 2 Tassen) aufgefüllt. Mit Salz und Pfeffer abschmecken. Basilikumblätter halbieren und dazugeben. Auf kleiner Flamme ab und zu umrühren und gar ziehen lassen.
Die leicht sämige Suppe kann auch mit kleinen Nudeln gegessen werden. Dann mit frisch geriebenem Parmesankäse bestreuen.

RISOTTO DI ZUCCHINE

Zucchini-Risotto

2 Tassen ital. Rundkornreis
5 mittelgroße Zucchini
2 Knoblauchzehen (feingehackt)
1 Gemüsezwiebel
8 Pfefferminzblätter
Olivenöl, Salz
1 EL Butter

Die Zucchini werden geschabt, längs geviertelt und in 4 cm lange Stäbchen geschnitten und gewaschen. Wenn sie abgetropft sind, werden sie in einer Pfanne in viel Öl gegart (die Hitze eher klein einstellen).

Man nimmt sie mit dem Schaumlöffel heraus und läßt sie gründlich abtropfen.

Im gleichen Öl wird die in feine Längsstreifen geschnittene Zwiebel glasig gegart, zusammen mit dem Knoblauch.

Die Pfefferminzblätter werden fein geschnitten und für zwei Sekunden hinzugefügt. Dann alles sofort mit dem Schaumlöffel zu den Zucchini geben. Jetzt wird das Gemüse gesalzen.

Zugleich mit der Zubereitung der Zucchini den Reis in Salzwasser körnigkochen, abschütten und mit Butter durchrühren. Gemüse und Reis vorsichtig mischen und servieren.

RISOTTO CON FIORI DI ZUCCHINE

Risotto mit Zucchiniblüten

Diese Spezialität gibt es in keinem anderen Land, das ich kenne. Inzwischen gibt es Zucchini-Blüten immerhin schon auf deutschen Märkten oder in südländisch sortierten Fachgeschäften.

30 Zucchiniblüten
150 g luftgetrockneter Schinken im Stück
5 EL Butter
5 EL geriebener Parmesankäse
3 EL Olivenöl (kalt gepreßt)
1 Strauß Petersilie
2 und 1/2 Tassen italien. Reis Arborio
5 Tassen Hühnerbrühe (möglichst selbstgemacht)
Salz und schwarzer Pfeffer

Man entfernt die Zucchiniblüten von den Stielen (sehr junge, feine Blättchen dürfen mitverwendet werden) und wäscht sie gut aber vorsichtig in kaltem Wasser. Auf einem Sieb abtropfen lassen und anschließend grob zerkleinert auf Küchenkrepp legen.
Den Schinken fein würfeln, die Petersilie sehr fein hacken. Einen großen Topf mit 2 EL Butter und Öl auf mittlere Hitze stellen. Sobald die Butter geschmolzen ist, gibt man Schinken und Petersilie in den Topf und schmort beides auf sehr kleiner Flamme ca. 5 Minuten. Dann gibt man den Reis dazu, schaltet auf mittlere Hitze und schmort weitere 5 Minuten.
Die Hühnerbrühe erhitzen und nach und nach an den Reis gießen. Nach der 3. Tasse Brühe kommen die Zucchiniblüten dazu, sowie Salz und Pfeffer. Wenn der Reis gar, aber noch *al dente* ist (ungefähr 15–20 Minuten), zieht man Parmesankäse und die restlichen 3 EL Butter unter. Serviert wird der Risotto heiß.

FIORI DI ZUCCA FRITTI

Kürbisblumen gebraten

Wenn auch in Deutschland die Kürbisblumen noch nicht so bekannt sind wie in Italien, tauchen sie doch schon ab und zu bei den Gemüsehändlern auf.

24 Kürbisblumen
2 Eier
100 g Mehl
2 EL Milch
Salz, Pfeffer, Öl

Die Blumen werden vorsichtig gewaschen und auf Küchenkrepp getrocknet. Man bereitet dann einen Teig aus dem Mehl, der Milch und 2 Eidottern, schmeckt mit Salz und Pfeffer ab. Das Eiweiß wird zu Schnee geschlagen und leicht untergehoben.
In einer Pfanne viel Öl erhitzen, die Kürbisblumen kurz in den Teig tauchen und dann in Öl goldgelb ausbraten. Sofort servieren.

FIORI DI ZUCCA FRITTI CON RICOTTA

Gebratene Kürbisblumen mit Ricotta

24 Kürbisblumen
2 Eier
40 bis 100 g Ricotta
2 EL Milch
Salz, Pfeffer, Öl

Nachdem die Kürbisblumen vorsichtig gewaschen sind, werden sie auf Küchenkrepp abgetrocknet. Die frische Ricotta wird geschmeidig gerührt, mit Salz und Pfeffer abgeschmeckt und in die Blumen gefüllt. Aus 2 Eigelb, Milch und Mehl bereitet man einen Teig. Man schlägt das Eiweiß zu Schnee und hebt es unter. Die Kürbisblumen werden in den Teig getaucht und in heißem Öl schwimmend goldgelb gebraten.
Man kann, anstatt der Ricotta, Stücke von Sardellenfilets verwenden – das ist ein römisches Rezept.

ZUCCA GIALLA ALLA SICILIANA

Eingelegter gelber Kürbis sizilianischer Art

800 g gelber Kürbis
4 Knoblauchzehen
2 Tassen Weinessig
1 Tasse Olivenöl
1 Stange Zimt
2 EL Zucker
10 bis 20 frische Minzblätter

Den Kürbis schälen und die Kerne entfernen. Danach feine Scheiben schneiden und zusammen mit dem kleingehackten Knoblauch in Öl braten. Nun werden die Scheiben in eine Schüssel gegeben, mit Weinessig, Zimt, Zucker und zerkleinerten Minzblättern gewürzt und zugedeckt. Im Kühlschrank 24 Stunden ziehen lassen. Als Beilage oder als kleiner Appetitanreger wird dies eine pikante Neuentdeckung für Hobby-Köche sein.

PORTAFOGLI DI ZUCCA GIALLA

Kürbis-Sandwiches

16 Scheiben gelber Kürbis
200 g gekochter Schinken
8 Fontina-Scheiben (oder ähnliche Käsesorte)
Petersilie
4 Eier
Öl
Backmehl
Salz und weißer Pfeffer

Die Kürbisscheiben müssen sehr schön und so groß wie eine Hand sein. Man schlägt die Eier schaumig, taucht die Kürbisscheiben hinein, wendet sie in Mehl und läßt sie bei mäßiger Hitze goldgelb in heißem Öl braten.
Backofen vorheizen.
Schinken, Käsescheiben und Petersilie hacken, mit Salz und weißem Pfeffer würzen. Dann belegt man 8 Scheiben Kürbis damit und deckt sie mit den anderen 8 Scheiben zu. Vorsichtig nebeneinander auf ein Backblech legen. Im Backofen werden die Sandwiches gebacken, bis der Käse geschmolzen ist.
Ideal als Vorspeise oder kleine Zwischenmahlzeit.

PAPRIKA

Bunte Rezepte mit
bunten Schoten

PEPERONI FARCITI ALLA SICILIANA

Gefüllte Paprikaschoten sizilianischer Art

8 Paprikaschoten (mittelgroß)
1 Zwiebel (gewürfelt)
100 g gemahlenes Brot
6 Anchovisfilets
100 g Schafkäse (gerieben)
2 El Petersilie (feingehackt)
2 Eier
Olivenöl
Salz und Pfeffer

Die Paprikaschoten werden gewaschen, ein kleiner Teil wird von oben abgeschnitten (wie ein Hut). Mit einem Löffel werden dann die Samen herausgenommen, die Schote nochmal ausgewaschen und innen leicht gesalzen. In einer Pfanne wird Öl erhitzt und die Zwiebel glasig gedünstet, zusammen mit der Petersilie.
Nun gibt man 50 g des gemahlenen Brotes dazu und rührt kurz durch. Die Pfanne wird vom Feuer genommen, die feingehackten Anchovisfilets und der Schafkäse werden untergemischt. Falls die Farce zu steif sein sollte, gibt man etwas Olivenöl dazu und schmeckt mit Pfeffer und Salz ab.
Die Farce wird mit einem Löffel in die Paprikaschoten gefüllt, welche sodann in die geschlagenen und gesalzenen Eier getunckt und in dem restlichen gemahlenen Brot gewendet werden. Die gefüllten Paprikaschoten in eine feuerfeste Form setzen und im vorgeheizten Backofen bei 280 Grad zwanzig bis dreißig Minuten garen. In der Form können die Paprikaschoten auch serviert werden.

PEPERONI RIPIENE CON SALSA DI POMODORO

Paprikaschoten gefüllt mit Tomatensauce

4 große grüne Paprikaschoten
250 g Lammfleisch
(vom Metzger durch den Fleischwolf drehen lassen)
1 Zwiebel
1 Dose geschälte Tomaten (250 g)
1 trockenes Brötchen
1 Knoblauchzehe
Olivenöl
frischer Thymian

Die Paprikaschoten werden längs halbiert, von den Samen befreit, gewaschen und abgetrocknet.
Das Brötchen wird in Wasser eingeweicht, anschließend ausgedrückt und zerzupft. Das Lammfleisch mit dem Ei, Brötchen, 1 EL Öl, dem gehackten Thymian, Salz und Pfeffer verkneten. Die Fleischmasse in vier Paprikahälften füllen, die vier anderen Hälften als Deckel aufsetzen.
Die Zwiebel pellen und fein hacken, in einem Topf in Öl glasig dünsten, die Tomaten püriert dazugeben und 10 Minuten einkochen lassen, gelegentlich umrühren. Dann die gefüllten Paprikaschoten in die Sauce setzen.
Im geschlossenen Topf etwa 45 Minuten schmoren lassen. Die Paprikaschoten auf eine Platte setzen, die Sauce darüber gießen und sofort servieren.

BOBBIA DI PEPERONI

Gemüseallerlei mit Paprikaschoten

4 fleischige Paprikaschoten (grün und rot)
600 g reife Fleischtomaten
600 g Kartoffeln
1/2 kg Zwiebeln
Salz, weißer Pfeffer
Olivenöl

Man legt die Tomaten kurz in heißes Wasser, so läßt sich die Schale besser entfernen. Alle anderen Zutaten putzen und schälen und in kleine Stücke schneiden. Das Gemüse wird in einen Topf gegeben, mit Salz und Pfeffer gewürzt und reichlich mit Olivenöl begossen.
Auf kleinster Flamme wird dann das Gemüse circa 45 Minuten gekocht. Während des Kochvorganges wird ab und zu die ,,Bobbia" vorsichtig mit einem Holzlöffel umgerührt. Wenn die Kartoffeln gar sind, ist das Gericht fertig. Man serviert am besten abgekühlt auf Zimmertemperatur.
Die Bobbia stammt aus Syrakus (Sizilien) und ist sehr geeignet als Beilage zu Fleisch.

PEPERONI FRITTI

Gebratene Paprikaschoten

12 kleine, längliche Paprikaschoten
20 g Pinienkerne
Pfeffer, Salz, Olivenöl

Die Paprikaschoten werden gewaschen und halbiert, von den Samen befreit und in einer Pfanne mit heißem Olivenöl gebraten, bis sie gar sind. Danach werden sie mit Salz und Pfeffer abgeschmeckt und mit den Pinienkernen bestreut.

Dieses Rezept hat eine Variante:
Die Fischer im Süden fügen einen Eßlöffel Balsamessig hinzu; ihr Grund: das Gericht soll lange haltbar bleiben. Außerdem aber sind die Paprikaschoten mit dem Essig sehr schmackhaft.

POLLO CON PEPERONI

Huhn mit Paprikaschoten

2 kleine Hühner (circa 1 kg)
4–5 schöne Paprikaschoten (gelb, grün und rot)
3 Knoblauchzehen
2 Dosen geschälte Tomaten à 250 g
1 Tasse Olivenöl (kalt gepreßt)
Salz, Pfeffer
1 Glas trockener Weißwein, 1 Zwiebel

Paprikaschoten waschen, halbieren, entkernen und in Streifen schneiden. Die Hühner werden in kleine Stücke zerlegt, gewaschen und abgetrocknet. In einem großen Topf wird das Öl erhitzt und darin die Hühnerstücke goldbraun angeröstet. Die Zwiebel wird feingehackt dazugegeben und die Knoblauchzehen hineingepreßt. Nun mit Wein ablöschen, kurz verdampfen lassen und danach die geschälten Tomaten püriert dazugeben, ebenso die Paprikaschoten. Mit Salz und Pfeffer abschmecken und bei mittlerer Hitze zugedeckt 1/2 Stunde garen lassen.

PEPERONI ARROSTITI

Geröstete Paprikaschoten (kalt)

8 schöne Paprikaschoten aller Farben
Olivenöl
4 große Knoblauchzehen
Salz

Auf einem Holzkohlengrill werden die mit Wasser besprühten Paprikaschoten gegart, bis die Haut ganz dunkel wird. Die Paprikaschoten werden, bis sie kalt sind, auf Küchenkrepp gelegt, dann von der Haut befreit und unter kaltem Wasser vorsichtig gewaschen. Auf einem Sieb läßt man sie abtropfen und teilt sie in Streifen. In einer Schüssel mit feingehacktem Knoblauch, Salz und Olivenöl vermischen und kalt servieren.
Dies Gericht ist im Süden - und besonders in Sizilien - sehr beliebt, besonders an sehr heißen Tagen.

PEPERONI GRATINATI ALLA NAPOLETANA

Gratinierte Paprikaschoten neapolitanischer Art

6 Paprikaschoten
1 Handvoll Petersilie (feingehackt)
2 Knoblauchzehen (feingehackt)
100 g geriebenes Brot (Semmelbrösel)
1 Handvoll Kapern
Salz und Pfeffer
Olivenöl

Paprikaschoten nach Möglichkeit auf Holzkohle grillen (sonst im Backofen). Dann abkühlen lassen und in Streifen schneiden. Sie werden in eine feuerfeste Form geschichtet und mit geriebenem Brot vermischt und mit Petersilie und Knoblauch bestreut. Das wird schichtenweise gemacht, bis alle Zutaten verbraucht sind. Am Ende wird das Ganze reichlich mit Olivenöl begossen und in den Backofen geschoben, bis das geriebene Brot goldfarbig wird.

PEPERONATA CON TONNO FRESCO

Paprika mit frischem Thunfisch

6 dicke Paprikaschoten (rot, grün und gelb)
1/2 kg Thunfisch (oder 1 Scheibe pro Person)
Salz und Pfeffer
1 TL Oregano
2 Knoblauchzehen
Olivenöl (kalt gepreßt)

Die Paprikaschoten werden halbiert, von den Samen befreit, in Streifen geschnitten und abgetrocknet.
Das Olivenöl in einer großen Pfanne erhitzen und die Knoblauchzehen darin dunkelbraun braten, dann wieder herausnehmen. In diesem Öl werden die gesalzenen und gepfefferten Paprikastreifen bei mäßiger Hitze unter umwenden gegart, dann mit einem Schaumlöffel aus der Pfanne genommen und auf einen Teller gelegt. In derselben Pfanne im gleichen Öl werden die Thunfischscheiben gebraten, leicht gesalzen und mit viel Oregano bestreut. Wenn der Fisch gar ist, wird er auf einer Platte angerichtet, mit den Paprikastreifen bedeckt und warm serviert.

PEPERONI FARCITI ALLA SALSICCIA

Gefüllte Paprika mit Schweinemett

6 große Paprikaschoten
500 g gewürztes Schweinemett
2 Eier, Salz, Pfeffer, Muskat
Schnittlauch, Majoran, gehackt
12 Scheiben Schmelzkäse, Fleischbrühe

Paprikaschoten halbieren und entkernen. Das Mett und die Eier mit den Gewürzen und Kräutern zu einer homogenen Masse verkneten, in die Paprikahälften füllen. Darauf je eine Scheibe Käse legen. Den Backofen auf 180 Grad vorheizen. Die Paprikahälften in einen geölten Bräter setzen, mit wenig Fleischbrühe begießen und ca. eine halbe Stunde backen.

SPAGHETTI AL PEPERONI

Spaghetti mit Paprikaschoten

4 Paprikaschoten
2 Dosen geschälte Tomaten à 250 g
1/2 Glas Olivenöl
2 Knoblauchzehen (feingehackt)
1 Handvoll Petersilie (feingehackt)
1 Handvoll Kapern
Salz und Pfeffer
500 g Spaghetti oder Linguine

Die Paprikaschoten auf Holzkohle oder im Backofen grillen, enthäuten und von den Samen befreien. Dann werden sie in Streifen geschnitten.
In einem Topf das Olivenöl erhitzen, Knoblauch darin goldgelb andünsten, die pürierten Tomaten dazugeben und mit Salz und Pfeffer abschmecken. Nach einigen Minuten werden die Paprikastreifen hinzugefügt. 10 Minuten kochen lassen. Danach die Kapern und die Petersilie unterheben und noch einige Minuten köcheln lassen.
Die Spaghetti oder die Linguine in Salzwasser al dente kochen, sieben, mit der Sauce würzen und sofort servieren.

PEPERONATA

Paprikaschoten mit Tomaten und Zwiebeln

1 kg grüne und rote Paprikaschoten
500 g Zwiebeln
1 kg Fleischtomaten
1 TL Rotweinessig
Salz, Pfeffer
1/4 Tasse Olivenöl
2 EL Butter

Zwiebeln schälen und in dünne Streifen schneiden, Tomaten kurz in kochendes Wasser legen, enthäuten und grob hacken.
Die Paprikaschoten werden blanchiert, geschält, entkernt und in Streifen geschnitten.
In einer großen, schweren Pfanne das Öl zusammen mit der Butter zergehen lassen, die Zwiebeln hinzufügen und unter Wenden schmoren lassen bis sie weich und leicht gebräunt sind. Die Paprikaschoten hinzufügen, die Hitze reduzieren und zugedeckt 10 Minuten schmoren. Die Tomaten hinzufügen, mit Essig, Salz und Pfeffer abschmecken, die Pfanne wieder zudecken und weitere 5 Minuten schmoren lassen.
Dann das Gericht unbedeckt bei großer Hitze und unter Umrühren einkochen lassen, bis fast alle Flüssigkeit verdampft ist.
Die Peperonata als warmes Gemüse mit dem Hauptgericht servieren. Man kann sie auch kalt als Beilage zu kaltem Braten oder Geflügel servieren.

COSTOLETTE DI MAIALE CON PEPERONI

Geschmorte Schweinekoteletts mit Paprikaschoten

4 Schweinekoteletts (ca. 2 1/2 cm dick)
1 Dose geschälte Tomaten (250 g)
350 g grüne Paprikaschoten
2 Knoblauchzehen
1/2 TL Oregano
1/4 TL Thymian
1/2 Lorbeerblatt (zerrieben)
1/2 TL Salz
1 Prise Pfeffer
4 EL Olivenöl
1/2 Tasse Weißwein

Die Paprikaschoten waschen, entkernen und in 1/2 cm dicke lange Streifen schneiden. Die geschälten Tomaten pürieren, die Knoblauchzehen dazupressen.
In einer schweren Pfanne 2 EL Öl erhitzen, die Schweinekoteletts 2–3 Minuten darin anbraten, dann auf einen Teller legen. Fast alles Fett abgießen. In dem restlichen Fett Oregano, Thymian, Lorbeer, Salz und Pfeffer unter Umrühren einige Sekunden schmoren. Den Wein hinzufügen und schnell aufkochen lassen. Danach die pürierten Tomaten hinzugeben und die Koteletts wieder in die Pfanne legen, mit der Sauce begießen und bei schwacher Hitze circa 30 Minuten schmoren. In einer anderen Pfanne das übrige Öl erhitzen und die Paprikaschoten unter häufigem Umrühren etwa 5 Minuten braten. Nun in die Pfanne mit den Koteletts umheben, zudecken und 5 Minuten schwach kochen lassen. Unbedeckt weitere 10 Minuten schmoren, bis die Sauce sämig ist.
Die Koteletts auf einer Platte anordnen und das Gemüse und die Sauce darüber verteilen.

PEPERONI E ANGUILLA

Paprika mit frischem Aal

1 kg frische Aale (nicht zu dick)
300 g gelbe Paprikaschoten
2 Knoblauchzehen
250 g große Fleischtomaten (enthäutet)
1 Glas trockener Weißwein
1 Glas Olivenöl (kalt gepreßt)
Salz und Pfeffer

Die Paprikaschoten vierteln, waschen und die Samen sorgfältig entfernen. Mit der Hautseite nach oben auf ein Backblech legen und im vorgeheizten Backofen bei 250 Grad backen, bis die Haut dunkel ist. Die Schotenteile kurz mit einem feuchten Tuch abdekken, dann enthäuten und in Streifen schneiden.
Die Aale läßt man am besten im Fachgeschäft enthäuten und in 5 cm lange Stücke teilen.
In einer Kasserolle Olivenöl erhitzen und die Knoblauchzehen goldgelb dünsten, die Aalstücke dazugeben, mit Salz und Pfeffer abschmecken und mit Wein aufgießen. Wenn er verdampft ist, wird das Tomatenfruchtfleisch dazugegeben und 15 Minuten weitergekocht. Kurz vor dem Servieren die Paprikastreifen unterheben. Weißwein und knuspriges Weißbrot sind vorzüglich dazu.

PEPERONI ALLA TORINESE

Paprikaschoten nach Turiner Art

8 Paprikaschoten
2 Knoblauchzehen
6 Anchovisfilets
Olivenöl
Salz

Die Paprikaschoten werden nach Möglichkeit auf Holzkohle gegrillt (oder im Backofen). Nachdem sie abgekühlt sind, enthäutet man sie, entfernt die Samenkerne und schneidet sie in lange Streifen. Aus dem Öl mit gepreßtem Knoblauch und den kleingehackten Anchovisfilets wird eine Sauce zubereitet. Die Paprikaschoten werden auf einem Teller angerichtet und mit der Sauce begossen. Wenn notwendig, mit etwas Salz abschmecken.

PEPERONI IMPANATI

Panierte Paprikaschoten

8 Paprikaschoten
3-4 Eier
Mehl
Salz
Olivenöl

Die Paprikaschoten halbieren und die Samen sorfältig entfernen. Mit der Hautseite nach oben auf ein Backblech legen und im vorgeheizten Ofen bei 250 Grad backen, bis die Haut dunkel ist. Mit einem feuchten Küchenhandtuch kurz abdecken, dann enthäuten. Danach werden die Paprikaschoten in die leicht gesalzenen und geschlagenen Eier getaucht, in Mehl gewendet und sofort in sehr heißem Olivenöl ausgebraten.

PEPERONI GRATINATI ALLA SICILIANA

Paprikaschoten auf sizilianische Art

Zum Schluß des Buches (last but not least) noch einmal ein Rezept aus meiner sizilianischen Heimat:

6 dickfleischige Paprikaschoten
50 g schwarze Oliven
1 Handvoll Kapern
6 Anchovisfilets
1 Handvoll Pinienkerne
Salz, Olivenöl
100 g geriebenes Brot

Die Paprikaschoten nach Möglichkeit auf Holzkohle grillen (sonst im Backofen). Wenn sie abgekühlt sind, sorgfältig die Samen entfernen und die Schoten enthäuten. Nun in Streifen schneiden und zusammen mit den Pinienkernen, den in kleine Stücke geschnittenen Anchovisfilets und den entkernten Oliven in eine feuerfeste Form geben.

Die Gemüsemasse leicht salzen und mit Olivenöl vermischen, mit Semmelbröseln bestreuen und bei großer Hitze (250 Grad) im vorgeheizten Backofen lassen, bis sich eine goldbraune Kruste bildet.

REGISTER

Italienisch

MELANZANE

A

B

C

F

I

M

P

ZUCCHINE

PEPERONI

REGISTER

Deutsch

AUBERGINEN

A

C

ZUCCHINI und KÜRBIS

PAPRIKA

G

H

P

S

T

QUELLEN- UND LITERATURVERZEICHNIS

BELGIORNO, Franco Antonio - Sizilien - 1984
BELGIORNO, Franco Antonio - Antipasti - 1985
BELGIORNO, Franco Antonio - Tomaten - 1986
BIANCHINI, Francesco - I frutti della terra - 1973
BONI, Ada - Il talismano della felicitá - 1939
CLAVIGERO, Francesco - Storia antica del Messico - 1780
CORRENTI, Pino - Il libro della cucina siciliana - 1980
Deutsches Wörterbuch von Jakob und Wilhelm GRIMM - 1984
GLEIJSES, Vitorio - A Napoli si mangia cosi' - 1986
GOETHE, J. W. - Italienische Reise - 1986
HERRE, Franz - Der vollkommene Feinschmecker - 1977
PETRONI, Paolo - La cucina emiliana - 1978
PITRÈ, Giuseppe - Medicina popolare in Sicilia - 1971
PITRÈ, Giuseppe - I proverbi siciliani - 1873
PANORAMA (ICE) Düsseldorf - 1983

Besonders danken möchte ich meiner Frau Brigitte, Herrn Karl Kolb, Herrn Michael Rittgardt, Herrn Dr. Hartmut Köhler, Herrn Erwin Reuter und meinem Bruder Donatello Maria Belgiorno.

KOCHBÜCHER IM PAPYRUS VERLAG

Franco Antonio Belgiorno
Auberginen

Italien – nur ein Pizza- und Pasta-Land? Ganz gewiß nicht! Unser Autor Franco Antonio Belgiorno, geboren in Sizilien und passionierter Hobbykoch, war schon lange stolz auf seine umfangreiche, vielleicht sogar einzigartige Sammlung von alten und neuen Rezepten. Nun hat er ihr ein Gemüse-Kochbuch hinzugefügt: Allein 50 Rezepte mit Auberginen, dazu interessante Gemüse wie Kürbis, Paprika und Zucchini und so Ausgefallenes wie Kürbis- und Zucchini-Blüten. Anfänger können die Rezepte leicht nachvollziehen, Kenner finden auf jeden Fall eine Menge neuer Anregungen – ganz gleich, ob es sich um Vorspeisen, kalte und warme Beilagen, um Hauptgerichte oder um Salate und Saucen handelt.
128 Seiten, DM 19,80,
ISBN 3-922731-51-1

Tarn Taran Kaur Khalsa
Essen für Leib und Seele

Bewußt gesund essen – vegetarische Speisen lecker zubereitet und für's Auge herrlich angerichtet: das ist der Anspruch, an dem sich die Küche des Golden Temple Restaurant seit nun 10 Jahren mißt. Und dies mit viel Erfolg, wie ein Blick in die tägliche gut besuchten Räume bestätigt. Für den 'Vegetarischen Neuling' und für den Umgang mit Alfalfa, Tofu oder Grünkern Geübten bietet das Buch eine Fülle von Anregungen, Informationen und delikaten Rezepten.
192 Seiten, DM 26,–,
ISBN 3-922731-52-X

Franco Antonio Belgiorno
Antipasti

Ist die Vorspeise gut, dann werden Eßlust und Appetit ebenfalls gut sein. Der Autor hat aber nicht nur hundert originale Rezepte gesammelt, sondern er empfiehlt auch, wie man zubereitet, anrichtet und ißt. Zwischendrin werden die Weine vorgestellt, die zu den jeweiligen Speisen passen.
112 Seiten, DM 19,80,
ISBN 3-922731-38-4

Ross & Waterfield/Toskana –
Kochrezepte aus Italiens Gemüsegarten

Die klassische Art, frisches Gemüse einfach, aber vortrefflich zuzubereiten, das lernte die Engländerin Janet Ross von ihrem toskanischen Koch. Sie sammelte seine Rezepte und veröffentlichte sie um die Jahrhundertwende. Sie sind heute wieder so aktuell wie damals – und genauso gesund.
Illustriert, 168 Seiten, DM 22,–,
ISBN 3-922731-06-6

Franco Antonio Belgiorno
Tomaten

Tomaten spielen die Hauptrolle in dieser – bisher einzigartigen – Rezeptsammlung von Franco Antonio Belgiorno. Er berichtet von der Karriere, die die Tomate im letzten Jahrhundert gemacht hat und derer Verwendung so vielfältig-köstlich ist, daß ihr endlich einmal ein Denkmal gesetzt werden mußte.
128 Seiten, DM 19,80,
ISBN 3-922731-47-3

Weitere Informationen
über unser Verlagsprogramm schicken wir Ihnen gern zu.

Papyrus Verlag GmbH., Tesdorpfstraße 13, 2000 Hamburg 13